虚拟仿真 经管类专业虚拟仿真实验系列教材

经济学模拟沙盘实训教程

JINGJIXUE MONI SHAPAN
SHIXUN JIAOCHENG

周青 主编　　樊自甫 刘进 副主编

Southwestern University of Finance & Economics Press
西南财经大学出版社

图书在版编目(CIP)数据

经济学模拟沙盘实训教程/周青主编.—成都:西南财经大学出版社,2017.10

ISBN 978 - 7 - 5504 - 3195 - 9

Ⅰ.①经…　Ⅱ.①周…　Ⅲ.①经济学—教材　Ⅳ.①F0

中国版本图书馆 CIP 数据核字(2017)第 202735 号

经济学模拟沙盘实训教程

周　青　主编

樊自甫　刘　进　副主编

责任编辑:高小田

装帧设计:穆志坚

责任印制:封俊川

出版发行	西南财经大学出版社(四川省成都市光华村街55号)
网　址	http://www. bookcj. com
电子邮件	bookcj@ foxmail. com
邮政编码	610074
电　话	028 - 87353785　87352368
照　排	四川胜翔数码印务设计有限公司
印　刷	四川五洲彩印有限责任公司
成品尺寸	185mm × 260mm
印　张	7.5
字　数	90 千字
版　次	2017 年 10 月第 1 版
印　次	2017 年 10 月第 1 次印刷
印　数	1— 2000 册
书　号	ISBN 978 - 7 - 5504 - 3195 - 9
定　价	22.80 元

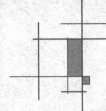

总　序

　　实践教学是高校实现人才培养目标的重要环节，对形成学生的专业素养，养成学生的创新习惯，提高学生的综合素质具有不可替代的重要作用。加强和改进实践教学环节是促进高等教育方式改革的内在要求，是培养适应社会经济发展需要的创新创业人才的重要举措，是提高本科教育教学质量的突破口。

　　信息通信技术（ICT）的融合和发展推动了知识社会以科学 2.0、技术 2.0 和管理 2.0 三者相互作用为创新引擎的创新新业态（创新 2.0）。创新 2.0 以个性创新、开放创新、大众创新、协同创新为特征，不断深刻地影响和改变着社会形态以及人们的生活方式、学习模式、工作方法和组织形式。随着国家创新驱动发展战略的深入实施，高等学校的人才培养模式必须与之相适应，应主动将"创新创业教育"融入人才培养的全过程，应主动面向"互联网+"不断丰富专业建设内涵、优化专业培养方案。

　　"双创教育"为经济管理类专业建设带来了新的机遇与挑战。经济管理类专业建设一方面应使本专业培养的人才掌握系统的专门知识，具有良好的创新创业素质，具备较强的实际应用能力。另一方面，经济管理类专业建设还应主动服务于以"创新创业教育"为主要内容的相关专业的建设和发展。为了更好地做好包括师资建设、课程建设、资源建设、实验条件建设等内容的教学体系建设，教学内容、资源、方式、手段的信息化为经济管理类专业建设提供了有力的支撑。《国家中长期教育改革和发展规划纲要（2010—2020 年）》提出："信息技术对教育发展具有革命性的影响，必须予以高度重视。"《教育信息化十年发展规划（2011—2020）》提出：推动信息技术和高等教育深度融合，建设优质数字化资源和共享环境，在2011—2020年建设1 500套虚拟仿真实训实验系统。经济管理类专业的应用性和实践性很强，其实践教学具有系统性、综合性、开放性、情景性、体验性、自主性、创新性等特征，实践教学平台、资源、方式的信息化和虚拟化有利于促进实践教学模式改革，有利于提升实践教学在专业教育中的效能。但是，与理工类专业相比，经济管理类专业实践教学体系的信息化和虚拟化起步较晚，全国高校已建的300个国家级虚拟仿真实验教学中心主要集中在理工医类专业。因此，为了实现传统的验证式、演示式实践教学向体验式、互动式的实践教学转变，将虚拟仿真技术运用于经济管理类专业的实践教学显得十分必要。

重庆邮电大学经济管理类专业实验中心在长期的实践教学过程中，依托学校的信息通信技术学科优势，不断提高信息化水平，积极探索经济管理类专业实践教学的建设与改革，形成了"两维度、三层次"的实践教学体系。在通识经济管理类人才培养的基础上，将信息技术与经济管理知识两个维度有效融合，按照管理基础能力、行业应用能力、综合创新能力三个层次，主要面向信息通信行业，培养具有较强信息技术能力的经济管理类高级人才。该中心2011年被评为"重庆市高等学校实验教学示范中心"，2012年建成了重庆市高校第一个云教学实验平台——"商务智能与信息服务实验室"。2013年以来，该中心积极配合学校按照教育部及重庆市建设国家级虚拟仿真实验教学中心的相关规划，加强虚拟仿真环境建设，自主开发了"电信运营商组织营销决策系统""电信 boss 经营分析系统""企业信息分析与业务外包系统"三套大型虚拟仿真系统，同时购置了"企业经营管理综合仿真系统""商务智能系统"以及财会、金融、物流、人力资源、网络营销等专业的模拟仿真教学软件，搭建了功能完善的经济管理类专业虚拟化实践教学平台。

　　为了更好地发挥我校已建成的经济管理类专业虚拟实践教学平台在"创新创业教育"改革中的作用，在实践教学环节让学生在全仿真的企业环境中感受企业的生产运营过程，缩小课堂教学与实际应用的差距，需要一套系统规范的实验教材与之配套。因此，我们组织长期工作在教学一线、具有丰富实践教学经验和企业经历的教学和管理团队精心编写了系列化实验教材，并在此基础上进一步开发虚拟化仿真实践教学资源，以期形成完整的基于教育教学信息化的经济管理类专业的实践教学体系，使该体系在全面提升经济管理类专业学生的信息处理能力、决策支持能力和协同创新能力方面发挥更大的作用，同时更好地支持学校正实施的"以知识、能力、素质三位一体为人才培养目标，以创新创业教育改革为抓手，以全面教育教学信息化为支撑"的本科教学模式改革。各位参编人员广泛调研、认真研讨、严谨治学、勤勤恳恳，为该系列实验教材的出版付出了辛勤的努力，西南财经大学出版社为本系列实验教材的出版给予了鼎力支持，本系列实验教材的编写和出版获得了重庆市高校教学改革重点项目"面向信息行业的创新创业模拟实验区建设研究与实践（编号 132004）"的资助，在此一并致谢！但是，由于本系列实验教材的编写和出版是对虚拟化经济管理类专业实践教学模式的探索，经济管理类专业的实践教学内涵本身还在不断地丰富和发展，加之出版时间仓促，编写团队的认知和水平有限，本系列实验教材难免存在一些不足，恳请同行和读者批评指正！

林金朝

二零一六年八月

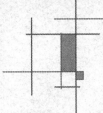

前　言

《经济学模拟沙盘实训教程》是经济学模拟沙盘实验实训课程的配套教材。

经济学模拟沙盘实训是针对经济学课程教学特点而设计，旨在为学生创造一个接近现实的教学实践模拟课程体系，为教师提供多种辅助教学手段，提高学生的专业水平和社会实践能力。经济学模拟沙盘实训课程设计了经济运行仿真系统。该系统将真实经济运行中的要素进行简化处理，学生可以在设定的环境中首先进行微观领域的经济运营模拟实训，随后微观经济运营的结果将作为政府制定宏观经济政策的依据用来制定下一年度的宏观经济政策，而政府的宏观经济政策将对微观领域中的企业等微观主体的后续经营决策产生影响。学生通过自己在实训中的角色完成设定的任务，并努力实现所在团队的最佳成绩，具有竞争性。学生通过本实训课程，将原来抽象的概念和原理运用到高度仿真的经济环境运行中，不仅能帮助学生加深对经济学理论的理解，并且可以提高学生学习经济学课程的兴趣。

本教材是经济学沙盘实训课程的配套教材，教材中阐述了实训原理、实训步骤、实训操作方法以及实训要求，学生课前可以通过教材预习实训内容，熟悉实训所用到的经济学原理，实训课中还可以将教材作为实训指导手册。

教材共五章内容。第一章是经济学模拟沙盘概述，主要对经济学模拟沙盘实训的系统架构、实训内容和功能分别进行介绍。

第二章是经济学模拟沙盘市场运营规则与角色分配，主要对需要在实训前学习和了解的模拟市场运营规则和实训中的角色分配进行系统说明。

第三章是经济学模拟沙盘筹码与电子工具使用说明，学生可以在模拟实训前依据本教材，对照实物沙盘和筹码的使用进行学习和认识。

第四章是经济学模拟沙盘实训内容与项目概述，主要内容采用电子分析表格与沙盘盘面相结合的方式对实训第一年模拟经营的过程进行了完整推演。该部分内容可以使初次接触经济学模拟实训的学生很快熟悉实训的内容和步骤，为以后年度的模拟经营提供有效的帮助。

第五章为各部门的经济学决策，主要是针对模拟实训中宏观经济环境和微观经济环境发生变化的情况下，厂商或政府如何依据经济学分析做出最优决策的分析过程，可以帮助学生在模拟实训过程中将学过的经济学理论知识运用到实际中。

本教材在编写过程中采用简洁的语言，直观的图表，从宏观到微观，从概述到实际操作的具体说明，编者始终遵循本教材作为实训教程的宗旨，围绕实训内容对具体操作方法和步骤做了细致的说明，并对实训中的决策方法进行了阐述，增强了实用性，使学生可以通过本教材的学习加深对经济学以及经济学模拟实训课程的理解，使一个规模较大的综合性实训课程变得轻松有趣，改变学生对经济学课程枯燥艰涩的固有印象，让更多的学生喜欢上经济学课程。

本教材在编写过程中编者参考了国内外同行的研究成果，具体参见脚注。在此，谨向他们表示感谢。同时还要感谢出版社各位老师的辛勤劳动和帮助。

在教材编写过程中，编者力求避免差错，但难免存在疏漏错误之处，敬请读者批评指正。

周　青　樊自甫　刘　进

2016 年 6 月

前言

目 录

经济学模拟沙盘实训教程

1 经济学模拟沙盘概述

1.1 经济学模拟沙盘简介

1.1.1 经济学模拟沙盘实训简介

沙盘英文为 sandbox，也叫沙箱，顾名思义是一种容器，里面所做的一切都可以推倒重来。在军事题材的影视作品中，我们常常看到指挥员们站在一个地形模型前研究作战方案。这种根据地形图、航空相片或实地地形，按一定的比例关系，用泥沙、兵棋和其他材料堆制的模型就是沙盘。军事上常用沙盘来进行一些战争区域的地形模拟。战争沙盘模拟推演通过红、蓝两军在战场上的对抗与较量，发现双方战略战术上存在的问题，提高指挥员的作战能力。

英、美知名商学院和管理咨询机构很快意识到这种方法同样适合企业对中、高层经理的培养和锻炼，随即对军事沙盘模拟推演进行广泛的借鉴与研究，最终开发出了企业沙盘实战模拟培训这一新型现代培训模式。模拟培训已成为大多数世界 500 强企业中高层管理人员经营管理培训的主选课程。

经济学模拟沙盘实训课程利用同样的原理，设计了经济运行仿真系统。该系统将真实经济运行中的要素进行简化处理，学生可以在设定的环境中首先进行微观领域的经济运营模拟实训，随后微观经济运营的结果将作为政府制定宏观经济政策的依据用来制定下一年度的宏观经济政策，而政府的宏观经济政策将对微观领域中的企业等微观主体的后续经营决策产生影响。学生通过自己在实训中的角色完成设定的任务，并努力实现所在团队的最佳成绩，具有竞争性。根据实训的课时安排，本实训课程最长可完成六年的模拟推演。学生通过本实训课程，将原来抽象的概念和原理运用到高度仿真的经济环境运行中，不仅能帮助学生加深对经济学理论的理解，并且可以提高学生学习经济学课程的兴趣。

1.1.2　经济学模拟沙盘实训的意义

经济学课程具有理论模型众多、涉及面广、高度抽象的特点，学生要在毕业实习过程中应用经济知识分析解决实际问题非常困难。而长期以来，经济学课程相关的实训非常少，只有很小一部分的老师会带领学生做简单的微观层面的实证研究，比如调查价格与需求的关系等，但这种实训过于简单，并且只针对微观层面，而对于宏观层面及宏观对微观的影响这些内容是很难通过短期的调研来说明问题的。如何让学生理解宏观指标对于经济发展的影响，并进一步对国家的宏观经济政策形成自己的分析和判断是一个非常值得研究的问题。

经济学模拟沙盘实训是经济类或金融类专业的专业实训之一，可以作为经济学的同步实训课。本实训主要针对经济学专业教学特点而设计，旨在为学生创造一个接近现实的教学实践模拟课程体系，为教师提供多种辅助教学手段，改变目前经济学教学理论内容较为抽象，在实训教学方面长期为空白的现状，为增强经济学教学效果提供有力的支持，最终实现提高学生的专业水平和社会实践能力，争取更大的就业机会的效果。

1.2 经济学模拟沙盘实训系统架构

1.2.1 设定市场角色

经济学模拟沙盘实训系统通过情景模拟、角色实践的方法让学生通过沙盘游戏体验现实微观经济与宏观经济运行的基本规律。至少包含家电/汽车/钢铁等不同厂商团队以及消费者和政府团队，各团队内部分设不同角色完成操作。厂商团队由总经理负责投资与融资，生产总监负责运营与记录，财务总监负责报表，营销总监负责投标及广告业务，采购总监负责原料采购与谈判，人力资源总监负责人员招聘与工资谈判。政府与消费者团队分设消费品市场监管、原料市场监管、统计、消费者代表等不同角色。

1.2.2 设定市场环境

系统模拟的宏观经济和微观经济由设定的产品市场和要素市场组成，其中，产品市场又包括消费品市场、原材料市场。在实训中，家电厂商和汽车厂商代表消费品市场，钢铁厂商代表原材料市场，政府和消费者团队作为要素市场控制要素的供给。

1.2.3 设定市场规则

厂商团队的主要任务是带领厂商高效稳健地经营，规避经营风险与陷阱。汽车和家电厂商向钢铁厂商采购原材料，并受政府的财政政策和货币政策调控影响。政府根据产品市场和原料市场的价格涨幅得出居民消费价格指数（CPI）、一产者物价指数（PPI）数据，同时依据国内生产总值（GDP）等数据判断通货膨胀和经济周期，在此基础上，政府通过搜集货币市场的 M1 和 M2 数据，并采取相应的财政政策和货币政策对经济进行调控。当汽车和家电行业受调控影响时，将同时影响钢铁行业的景气度。

1.3　经济学模拟沙盘实训系统包含的实训内容

经济学模拟沙盘实训内容涵盖六大单元，包括：

（1）微观经济学的供给需求理论、要素理论实训；

（2）微观经济学的市场结构与厂商理论实训；

（3）经济运行中的市场失灵与福利经济学；

（4）宏观经济学的国民收入理论、货币市场一般均衡理论实训；

（5）宏观经济学的经济周期与经济增长理论实训；

（6）财政政策与货币政策的应用实训。

经济学模拟沙盘实训教程

1.3.1　微观经济学的供给需求理论、要素理论实训

表 1.1　　　　微观经济学的供给需求理论、要素理论实训项目①

一级模块	二级模块	实训项目名称	涉及知识点
微观经济学的供给需求理论、要素理论实训	经济环境设立	组建政府、成立 10 家厂商	经济循环框架图
	导入培训	理解政府、厂商、家庭、产品、生产要素之间的关系	
	实训准备	熟悉要素市场的价格决定理论	供给、需求与均衡价格 弹性及其应用 供求关系的静态和动态应用
		熟悉产品市场的定价理论	
		熟悉供给需求基本规律与弹性理论	
	实训实施	汽车厂商进行土地与生产线投资	
		家电厂商进行订单竞标	
		汽车厂商和家电厂商与钢铁厂商开展业务	
		汽车和家电厂商开始生产经营活动	
	实训总结	供给和需求的影响因素分析	
		经济学的研究对象与总体框架图	
		供给与需求的弹性分析	

1.3.1.1　实训流程

（1）建立 8 支厂商团队，每队均由 4~6 人组成，分别组成 3 家汽车厂商、2 家钢铁厂商、3 家家电厂商。

（2）政府与消费者团队分设央行行长、产品市场监管局局长、统计局局长、消费者代表、原料市场监管局局长。

（3）市场规则介绍。

（4）各汽车厂商和家电厂商进行土地与生产线投资、资金借贷、生产经营。

---

① 成都杰科力有限公司. 西方经济学模拟实验指导书：中国，2L201310157131.6［P］. 2014-12-10：3-4.

（5）各厂商盘点业绩。

1.3.1.2 实训总结

（1）根据实训数据对影响土地等生产要素供给和需求的因素进行分析。

（2）根据实训数据对土地要素和产品市场弹性进行分析。

（3）根据实训数据对土地要素和产品市场均衡价格进行分析。

1.3.2 微观经济学的市场结构与厂商理论实训

表 1.2　　　　　　　微观经济学的市场结构与厂商理论实训项目[①]

一级模块	二级模块	实训项目名称	涉及知识点
微观经济学的市场结构与厂商理论实训项目	导入培训	几种典型的市场结构、生产与成本理论	生产理论 成本理论 市场结构理论
	实训准备	制定产品市场交易和竞标规则	
		熟悉四种市场结构的典型特征	
		熟悉生产函数与不同的成本曲线	
		熟悉不同市场结构下的均衡	
	实训实施	对汽车、家电、钢铁市场竞争结构进行分析	
		汽车和家电厂商在不同竞争市场下投标经营	
		汽车和家电厂商根据宏观经济趋势判断风险	
		各类厂商生产函数与最优生产决策分析	
		模拟游戏中的竞争均衡分析	
	实训总结	总结四种市场结构在不同行业中的体现	
		总结不同市场环境中的厂商决策	
		总结不同类型厂商的收益与成本曲线	

1.3.2.1 实训流程

（1）每一年度分别在土地、商品房、别墅、钢材、资金形成不同的市场结构。

---

① 成都杰科力有限公司. 西方经济学模拟实验指导书：中国，2L201310157131.6［P］. 2014-12-10：4-5.

（2）厂商在不同竞争和垄断市场结构下投标经营。

（3）厂商每一年度分析不同市场结构下的收益和成本。

（4）分析市场结构对投资和经营决策的影响。

（5）总结不同市场环境中的厂商决策行为。

1.3.2.2 实训总结

（1）对四种市场结构的经济特征进行分析。

（2）对不同市场结构下的厂商行为决策进行分析。

1.3.3 经济运行中的市场失灵与福利经济学实训

表 1.3　　　　　经济运行中的市场失灵与福利经济学实训项目①

一级模块	二级模块	实训项目名称	涉及知识点
经济运行中的市场失灵与福利经济实训	机构设立	成立政府各监管部门	博弈论 福利经济学 帕累托最优 市场失灵
	导入培训	市场经济与计划经济下政府监管部门的职责差异	
	实训准备	制定政府监管部门的主要职责	
		熟悉市场失灵的具体表现形式	
		熟悉生产、交换的帕累托最优条件与状态	
		熟悉不同博弈与策略行为	
	实训实施	每一年实施对资本市场业务的监管	
		每一年实施对产品市场（汽车、家电）的监管	
		汽车、家电、钢铁厂商在竞争中博弈	
		政府对厂商不公平竞争行为进行监管	
	实训总结	总结市场失灵在现实经济中的表现	
		总结政府监管的两难局面	
		总结如何在交易中运用博弈策略	

① 成都杰科力有限公司. 西方经济学模拟实验指导书：中国，2L201310157131.6［P］. 2014-12-10：5.

1.3.3.1 实训流程

（1）政府宣布需要各厂商提交的年度资料，包括各厂商的产品价格、现金和银行存款总量、贷款总量、市场占有率等。

（2）成立公平市场交易监管局，监管各厂商的市场交易行为是否违规。

（3）每年度各汽车和家电厂商在要素市场中竞争博弈。

（4）每年度钢铁厂商与其他厂商在产品市场中竞争博弈。

（5）政府根据监管情况判断市场是否出现失灵，并给出意见。

1.3.3.2 实训总结

（1）分析现实经济中市场失灵的表现及对策研究。

（2）对不同竞争情况下的博弈策略进行分析。

1.3.4 宏观经济学国民收入理论、货币市场一般均衡理论实训

表1.4　宏观经济学的国民收入理论、货币市场一般均衡理论实训项目①

一级模块	二级模块	实训项目名称	涉及知识点
宏观经济学的国民收入理论、货币市场一般均衡理论实训	机构设立	国民经济统计机构的设计	凯恩斯的消费理论 乘数效应与挤出效应 国民收入决定理论 IS-LM 分析
	导入培训	货币市场一般均衡理论	
	实训准备	制定各项宏观经济统计指标	
		熟悉各项统计指标计算公式	
		熟悉通货膨胀形成的原因	
		熟悉简单国民收入决定因素	
	实训实施	每一年宏观经济运行数据的统计计算	
		每一年宏观经济监控与分析	
		分析 CPI、GDP 变动的影响因素	
		分析利率市场波动的原因	
	实训总结	总结监控现实经济的宏观指标体系	
		总结货币市场的运行规律	
		总结宏观指标之间的关系	

1.3.4.1 实训流程

（1）成立统计局、货币政策委员会，每一年统计计算 GDP、CPI、M1、M2、r 等经济指标。

（2）统计局和货币委员会制定以上经济统计指标体系和核算规则。

（3）分析这些指标之间的关系。

（4）分析这些指标的影响因素。

（5）分析利率市场波动的原因。

---

① 成都杰科力有限公司. 西方经济学模拟实验指导书：中国，2L201310157131.6［P］. 2014-12-10：6.

1.3.4.2 实训总结

（1）形成宏观经济运行分析报告。

（2）形成货币市场运行分析报告。

1.3.5 宏观经济学的经济周期与经济增长理论实训

表 1.5   宏观经济学的经济周期与经济增长理论实训项目[①]

一级模块	二级模块	实训项目名称		涉及知识点
宏观经济学的经济周期与经济增长理论实训	导入培训	总需求与总供给理论		总需求与总供给模型 新古典增长模型 经济周期理论 新凯恩斯主义 AD-AS 模型
	实训准备	理解短期和长期经济波动的差异		
		区分经济周期不同阶段的特征		
		理解总需求与总供给导致的经济波动差异		
	实训实施	模拟游戏中每一年经济增长的核算		
		统计每一年土地总供给与总需求的变化		
		分析总供给和总需求变化对宏观经济的影响		
	实训总结	总结宏观经济运行基本规律		
		总结总供给和总需求模型对现实经济的解释		
		揭示宏观经济的运行风险		

1.3.5.1 实训流程

（1）根据上一实训结果判断每一年处于经济周期的典型特征。

（2）政府每一年控制土地、货币等要素资源的供给。

（3）每一年汽车和家电市场总需求随价格和系统调控量变化。

（4）各组分析总供给和总需求变化对现实经济的影响。

---

① 成都杰科力有限公司. 西方经济学模拟实验指导书：中国，2L201310157131.6［P］. 2014-12-10：7.

1.3.5.2　实训总结

（1）形成宏观经济风险分析报告。

（2）形成总供给和总需求模型应用分析。

1.3.6　财政政策与货币政策的应用实训

表 1.6　　　　　　　　　　财政政策与货币政策的应用实训项目①

一级模块	二级模块	实训项目名称	涉及知识点
财政政策与货币政策的应用实训	导入培训	宏观经济政策理论	财政政策与货币政策 宏观经济政策理论及争议
		经济政策的目标	
	实训准备	制定游戏中政府调控经济的目标	
		设计本游戏中不同财政政策和货币工具	
		制定本游戏中货币和财政工具实施规则	
	实训实施	货币政策组合工具实施	
		财政政策组合工具实施	
		根据每一年宏观运营结果调整政策	
		检查政策是否实现了当初预定的目标	
	实训总结	总结政府调控经济常用且有效的政策组合	
		总结政府政策在游戏中的效果	
		总结不同目标而导致的政策差异	

1.3.6.1　实训流程

（1）分析目前盘面的宏观经济态势

（2）判断盘面上宏观经济存在的问题

（3）制定宏观调控的目标

（4）制定财政政策和货币政策

---

① 成都杰科力有限公司. 西方经济学模拟实验指导书：中国，2L201310157131.6〔P〕. 2014-12-10：7-8.

（5）实施调控工具

（6）每一年运营结束后审查政策调控是否达到预定目标

1.3.6.2　实训总结

得到宏观经济运行的宏观数据，在此基础上形成政府政策调控效果评估报告。

1.4　通过模拟沙盘实训系统可实现的功能

1.4.1　模拟微观经济与宏观经济运营环境

整个沙盘系统能够模拟微观经济和宏观经济运营过程，能够体现出市场结构、宏观调控、厂商行为、经济周期与经济增长过程。

在微观领域，能够模拟微观经济运行的基本规律，如生产函数的边际递减效应、劳动力供给的替代效应；能够体现经济运行中的要素供给，如土地、劳动力、货币供给与技术改造；各要素市场存在不同供给曲线，各产品市场存在不同市场结构和不同需求曲线。

在宏观领域，能够模拟宏观经济中的政府职责，如政府团队可以统计每一年的 CPI、GDP 数据，并据此判断通货膨胀和经济周期，并通过调整货币供给调节经济运行，通过财政采购汽车、汽车下乡、家电补贴等方式影响行业需求。

1.4.2　仿真模拟微观经济与宏观经济之间的相互作用与影响

（1）学生能够理解微观经济和宏观经济的组成要素，掌握经济循环框架图。

（2）掌握产品市场和要素市场的组成与特征。

（3）掌握不同市场结构下的厂商行为和最优经营决策。

（4）掌握博弈策略在不同环境下的应用。

（5）理解各项经济指标与经济增长周期。

（6）理解财政政策和货币政策对厂商经营的影响。

（7）理解政府的各项经济监管政策。

（8）掌握以上核心经济理论与相关模型在现实生活中的应用。

（9）学生可以分组扮演政府，通过制定财政政策和货币政策影响经济运行，学生参与度和竞技性强。

（10）在几乎真实的环境中体验厂商行为，解决老师仅通过理论讲解经济学模型比较枯燥空泛的难题。

2 经济学模拟沙盘市场运营规则与角色分配

2.1 经济学模拟沙盘实训市场运营规则

2.1.1 厂商生产规则

2.1.1.1 生产资料投资配比

汽车厂商、家电厂商与钢铁厂商进行生产经营需要租赁土地、购置生产线以及购买原材料。本实训中的生产资料的投资配比是指在实训中汽车厂商、家电厂商与钢铁厂商对生产资料所需进行的投资以及单位产量所需购买的原材料数量。《经济学模拟沙盘》软件设置的生产资料投资配比如表 2.1 所示。

表 2.1　　　　　　　　各行业厂商的生产资料投资配比表

	单位用钢量	生产线用地量	每条生产线投资额
汽车厂商	10 吨钢材/辆（汽车）	100 亩（1 亩≈666.67 平方米）/生产线	1 亿元
家电厂商	1 吨钢材/台（家电）	100 亩/生产线	1 亿元
钢铁厂商	10 吨铁精粉/吨（钢铁）	200 亩/生产线	1 亿元

2.1.1.2 生产资料的配置规则

（1）当年购置且未投入生产的闲置生产线可以以残值在模拟市场环境中销售，但不能在公司之间互相转让。购置生产线之前，必须先租赁相应数量的土地和厂房。

（2）各生产线产能提升可以通过增加劳动力投入、支付加班费、技术改造三种方法实现，但须注意加班最多不能超过 40% 的比例。其中通过增加劳动力方式所能带来的产能提升呈现边际递减效应，加班费带来的产能提升与加班费占工资比率有关。每条生产线配置的工人数量低于一定人数将无法开工。

在 EXCEL 软件中绿色框内可以更改投入劳动力人数、支付加班费比例和技改投资的数量，技改后产能即可随之按照相应的规则更改。如表 2.3 至表 2.6 所示。

表 2.3　　　　　　　　劳动力投入、支付加班费与产能计算（1）

	汽车（辆）	家电（台）	钢铁（吨）
投入劳动力（人）	440	240	240
支付加班费（%）		30%	
技改投资（万）			1 500
技改后产能	1 400	12 000	37 000

表 2.4　　　　　　　　劳动力投入、支付加班费与产能计算（2）

	汽车（辆）	家电（台）	钢铁（吨）
投入劳动力（人）	540	240	240
支付加班费（%）		30%	
技改投资（万）			1 500
技改后产能	1 300	12 000	37 000

表 2.5　　　　　　　　劳动力投入、支付加班费与产能计算（3）

	汽车（辆）	家电（台）	钢铁（吨）
投入劳动力（人）	340	240	240
支付加班费（%）		10	
技改投资（万）			
技改后产能	1 300	11 000	30 000

表 2.6 劳动力投入、支付加班费与产能计算（4）

	汽车（辆）	家电（台）	钢铁（吨）
投入劳动力（人）	240	240	240
支付加班费（%）		30	
技改投资（万）			
技改后产能	1 400	12 000	30 000

以汽车生产为例观察劳动力投入对产能增加的边际递减效应，见图 2.1。

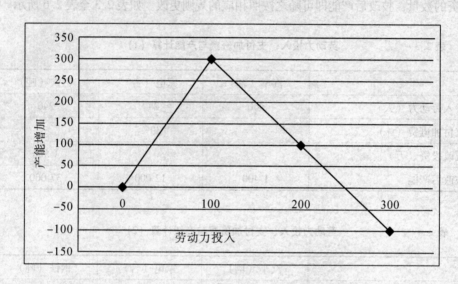

图 2.1 劳动力投入对汽车产能增加的边际递减效应

2.1.1.3 技改决策规则

（1）设定新购买的生产线具有最新的技术和最高效率，因此购置生产线的第一年不能对生产线进行技改决策，在之后的年份可以进行技改决策。每条生产线投入 1 500 万，可使以后所有年度生产效率提升或产能扩大约 20%。每条生产线投入 900 万，可使之后所有年度生产效率提升约 10%。

（2）需要注意，当年进行的技改只能在以后年度实现生产效率提高或产能扩大，而不能使当年产能扩大。

（3）各厂商初始状态时的生产线不能通过技改提升产能。第一年及以后年度新增的生产线可以进行一次技改决策，但不能进行第二次的技改决策，多次技改视为无效。

表2.7 技改投入与产能计算表（1）

	汽车（辆）	家电（台）	钢铁（吨）
投入劳动力（人）	240	240	240
支付加班费（%）			
技改投资（万）			900
技改后产能	1 400	10 000	34 000

表2.8 技改投入与产能计算表（2）

	汽车（辆）	家电（台）	钢铁（吨）
投入劳动力（人）	240	240	240
支付加班费（%）			
技改投资（万）			1 500
技改后产能	1 400	10 000	37 000

原料成本与产成品成本核算均采用平均成本法。

2.1.2 要素供给与价格

2.1.2.1 钢材供给与价格

（1）汽车厂商和家电厂商为产品制造商，其原材料主要为钢材。汽车厂商和家电厂商可以向钢铁厂商购买钢材，也可以从模拟国外市场进口钢材。

（2）第一年钢材的采购价格为固定值，以后各年度钢材采购价格可由汽车厂商和家电厂商与钢铁公司自行谈判定价，万吨报价以100万元为基本单位。

（3）与钢铁厂商因价格协商不成时，也可以选择进口钢材。由于关税和运费等原因，进口钢材价为7 000元/吨起价，但需提前一年预定，定金是100%，否则现货将为8 000元/吨。CPI会影响本国汇率，并进一步影响下一年度钢铁的进口价格，政府团队在每个运行年度的年初公布本年度钢铁的进口现货价格。

（4）企业可以囤积钢材，也可以互相买卖钢材。每年政府团队根据盘面钢铁需求情况，决定是否限制进口钢材数量。

（5）由于存在生产周期，钢铁公司只能销售库存钢材，当年生产的钢材只能在下一年度销售。钢铁公司最后一年结束时至少应保持4万吨成品钢材的库存，同时钢铁公司在遇到不能按时足量交货的情况下，也可购买进口钢材交货。

需要注意的是，家电和汽车公司在结算所售产品的钢材成本时，应按百万向上取整。

2.1.2.2　铁精粉供给与价格

（1）钢铁厂商的主要产品为钢材，以铁精粉为原材料，铁精粉全部为进口。

（2）铁精粉单价范围为200～800万元/万吨，单位报价必须是10万元的倍数，购买总金额以100万元为单位取整，供应数量以万吨为单位。

（3）铁精粉的供应以价高者优先供应，如果供给有剩余，以出价高低可以二次购买。注意：钢铁公司在结算所售产品的铁精粉成本时，应按百万向上取整。

（4）CPI会影响本国汇率，并进一步影响下一年度铁精粉的进口价格。

（5）钢铁公司之间可以互相囤积或转卖铁精粉，但汽车和家电公司不可以买卖铁精粉。

2.1.2.3　劳动力供给与价格

（1）劳动力供给曲线为反S形曲线（如图2.2所示）。平均工资越高，劳动力供给越多。第一年运营之后的年度，企业实际工资低于 5 万元，工人将罢工。所有企业实际工资平均值过高时，将导致有些人依靠家庭收入不再继续工作，社会劳动力总供给将下降。

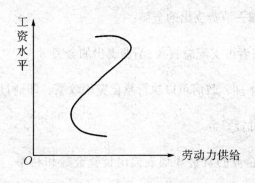

图 2.2　劳动力的反 S 形曲线

（2）单个企业实际工资越高，能招到的工人越多，工资最低者，也会有少部分工人。劳动力市场的实际工资与 CPI 有关。

（3）公司之间禁止劳动力转让与租借，工资总额以百万元为单位向上取整。企业工资报价精确到万元，聘用工人总量必须是 10 的倍数。

（4）每年运营之初，各厂商所投入的工人数量需在模拟劳动力市场重新竞标获得。

2.1.2.4　土地厂房的供给与价格

（1）从第二年开始，连续 4 年每年通过土地整理可增加 100 亩供地。各年政府可以决定本年实际供地量。上年退租的土地计入下年度储备供应用地。

（2）每年采取拍卖制供应剩余土地，租金高者优先获得。租金报价必须是 100 万元的倍数，且不得低于底价 1 000 万元/百亩·年。租金高者优先拿地。

（3）公司之间禁止转租土地，政府年末将没收没有生产线的闲置土地。已竞得土地的租金保持不变，每年新增土地租金按竞标价支付。

2.1.2.5 可贷资金的供给

（1）可贷资金来源于消费者的储蓄，第一年之后每年度的新增储蓄来源于消费者可支配总收入减去消费支出的金额：

新增储蓄=消费者可支配总收入-消费支出的金额　　　　　　　　　　　（2.1）

（2）在经济萧条期，政府可以执行量化宽松政策，即通过购买国债向银行投放信贷资金，提供可贷资金。

（3）每年初由企业的资金规划表提出贷款金额和利率，贷款期限均为三年期，不能提前还贷。利率高者优先获得贷款，利率相同者按上交投标单顺序发放贷款。

（4）贷款金额以千万元为单位，利息结算以百万为单位向上取整，贷款时先行支付本期利息，以后各期利息在期初支付，到期偿还贷款不需支付利息，仅偿还本金。

2.1.3 行业总需求量的确定与订单竞标规则

（1）汽车厂商和家电厂商生产的产品销售给市场，对汽车和家电的市场需求数量根据宏观经济数据的变化改变。

（2）当GDP下跌时，政府将采取减免购置税、汽车下乡、家电以旧换新等措施和多种财政政策拉动需求，这将刺激消费者降低储蓄比例，增加消费比例，并导致汽车和家电的总需求量上升。政府对家电与汽车实际销售提供的补贴会引起需求量变化。

（3）CPI为正时，会导致本国货币贬值，刺激出口；反之则会导致本国货币升值，出口受到抑制。

（4）公司的订单则取决于广告效应和报价：

①广告会引导消费者的偏好，从而引起需求曲线的移动。行业总广告费用增加将使行业总需求增加。

$$广告效应 = 本年广告费 + 上年销售额 \times 0.1 \tag{2.2}$$

②报价越低，订单越多。各公司的广告费用竞标以百万元为单位，家电销售报价以百为单位（报价范围为［1～1.6］万元）。汽车报价以千为单位（报价范围为［10～16］万元）。但 CPI 为正时，会导致货币贬值，最高限价随之上升，反之亦然。各公司报价范围应在当年平均价格的 0.5～1.5 倍之间浮动，超过此范围的报价视为无效，将无法获得订单。需要注意的是，由于存在价格调节作用，以及无效报价，各公司所获订单总和并不等于行业理论总需求。

（5）所有订单均为年底交货。当年未交付的订单将全部作废，并按未交付订单金额支付 20% 的罚款。公司之间不可以联合竞标订单或转让订单，但可以转卖产品。

（6）家电和汽车公司根据需求曲线竞标获得的订单是消费者购买、政府采购、厂商投资、出口四者之和。

2.1.4　企业成本费用

（1）各企业第一年按 17% 交纳增值税，以百万为单位向上取整。以后各年度增值税率和所得税率由政府制定。

（2）各企业每年支付高管团队工资 2 000 万元。

（3）各企业违规操作，除归还违规操作款项外，另罚款 500 万元，总分扣3 分。

（4）各企业每年实际最高信贷额度。

各企业每年实际最高信贷额度＝ 2×各公司上年净资产－存量银行贷款（不含

委托贷款和高利贷） (2.3)

（5）企业无钱还贷、支付工资或交纳管理费、增值税时，将采取强制高利贷的方式还款，该贷款由消费者提供，年利率30％，高利贷数额必须是千万元的整数倍。

（6）所有存货按存货原料成本的7％支付仓储费用（仓储与搬运工人工资）。

2.1.5 政府职责

2.1.5.1 制定财政政策

（1）政府每年持有整个市场税收与费用作为调节奖励资金和政府采购资金，每年政府收入的一半将用于政府采购，另一半对各企业进行补贴以拉动经济，上年未用完的政府补贴可用于下一年。

（2）政府补贴金额，是以各公司当年销售收入作为基数，乘以当年财政补贴比率。政府补贴不能针对某个产业或某个公司，必须一视同仁。

（3）政府还可以根据需要调整税收政策。

2.1.5.2 制定货币政策

政府还可以通过增加土地供应、增加货币供给（可贷资金增加）、调整最低利率等措施调整经济。注意：增发货币采用央行发行货币购买政府国债形式，政府需按当年最低利率支付利息，这些利息支出会减少本年财政刺激资金，可能造成财政赤字；增发的货币只能用于增加可贷资金，不能用于政府购买。

经济学模拟沙盘实训教程

2.1.5.3 政府团队的竞争选拔与宏观政策得分

（1）从第二年开始，政府团队由各组通过各项经济指标的竞争选出，得分最高的组成为本年度的政府团队。

（2）从第二年开始，政府组的最低目标是 CPI 控制在 5%，失业率控制在 8%，实际 GDP 至少达到 5% 的增长，个人总收入增加至少 7%。各组竞选政府时，可定立更高目标，指标优于以上最低标准越多者优先当选政府。

（3）当选政府团队通过一年的经济运行之后，如达到竞选指标，每个指标可以为本团队加 5 分；如未达到，该指标不得分。如出现财政赤字，则每 300 万元赤字将扣 1 分，直到扣完宏观政策得分为止，不出现负分。

（4）其他未当选政府的团队，可以根据其分析预测的宏观经济指标准确程度适当加分：如果预测值与实际值相差 ±2% 以内，则每个指标得 5 分，否则不得分。

表 2.7　　　　　　　　　　公司竞选政府的宏观经济目标①

	第二年	第三年	第四年	第五年	第六年
平均价格涨幅 CPI					
实际 GDP 增长率					
失业率					
个人总收入增长率					

---

① 成都杰科力有限公司. 西方经济学模拟沙盘实验软件：中国，201310157131.6 ［P］. 2014-12-10：8.

表 2.8

表 2.8		公司宏观经济指标预测①			
	第二年	第三年	第四年	第五年	第六年
平均价格涨幅 CPI					
实际 GDP 增长率					
失业率					
个人总收入增长率					

2.2 经济学模拟沙盘实训的角色分配

2.2.1 分组建立团队

2.2.1.1 分组与团队的建立

（1）根据实训课班级总人数进行分组建立团队。班级人数为 40~60 人的最佳。现在以班级人数为 40~60 人为例进行分组说明。

（2）全班可分成 8 支团队：2 家汽车厂商，4 家家电厂商，2 家钢铁厂商，每个团队 4~6 人为最佳。

（3）第一年运行时，宏观经济指标是已设定的，政府团队的职责可以由各团队各选出一名同学来共同完成。从第二年开始，政府团队的角色和职责由各团队竞标取得，具体政府团队竞标流程见第二章第一节。

2.2.1.2 各角色职责说明

企业团队的主要任务是带领企业高效稳健地经营，规避经营风险与陷阱。汽

---

① 成都杰科力有限公司. 西方经济学模拟沙盘实验软件：中国，201310157131.6 ［P］. 2014-12-10：9.

车和家电厂商向钢铁厂商采购原材料，并受政府的财政政策和货币政策调控影响。政府根据产品市场和原料市场的价格涨幅得出 CPI、PPI 数据，同时依据 GDP 等数据判断通货膨胀和经济周期，在此基础上，政府通过搜集货币市场的 M1 和 M2 数据，并采取相应的财政政策和货币政策对经济进行调控。当汽车和家电行业受调控影响时，将同时影响钢铁行业的景气度。

企业团队由总经理，生产总监，财务总监，营销总监，采购总监，人力资源总监构成。其中总经理全面负责公司的经营管理工作，主要负责投资与融资决策，生产总监负责生产的运营与记录，财务总监负责及时填报报表，营销总监负责市场投标及投放广告业务，采购总监负责原料采购与谈判，人力资源总监负责招聘与工资谈判。公司系统运营主界面见图 2.3。

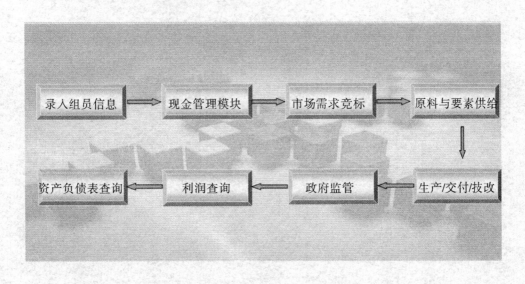

图 2.3　公司系统运营主界面图

（1）"录入组员信息"模块由人力资源总监完成填报；

（2）"现金管理"模块由总经理负责填报；

（3）"市场需求竞标"由营销总监、生产总监和人力资源总监共同负责填报；

（4）"原料与要素供给"模块由销售总监负责填报；

（5）"资产负债表查询"与"利润查询"模块由财务总监负责填报；

（6）"政府监管"模块由总经理和财务总监负责填报；

（7）"生产/交付/技改"模块由营销总监和生产总监负责填报。

在公司的运营过程中，每发生一个事件，各角色均需按职责要求及时填报各模块表格信息，可以对企业的经营起到事前分析、事中监督、事后总结改善的作用。在此过程中，团队各成员之间分工合作，遇到问题协商解决，经营遇到困难共同出谋划策，培养团队精神。

3 经济学模拟沙盘筹码与电子工具使用说明

3.1 经济学模拟沙盘实训系统硬件设施

经济学模拟沙盘实训系统硬件设施包括 9 张沙盘盘面、学员手册等，具体设施如下：

3.1.1 实物教具

表 3.1 实物沙盘材料清单

序号	物料名称	规格	单位	数量
1	生产线		条	50
2	筹码筒		个	50
3	桌卡（字牌）		个	9
4	百人		个	30
5	十人		个	160
6	亿		个	100
7	千万		个	400
8	百万		个	400
9	铁精粉（万吨）		个	100
10	铁精粉（十万吨）		个	100
11	钢铁（万吨）		个	100
12	钢铁（千吨）		个	100

表3.1(续)

序号	物料名称	规格	单位	数量
13	家电（万台）		个	50
14	家电（千台）		个	100
15	汽车（千辆）		个	50
16	汽车（百辆）		个	100
17	土地（百亩）		个	50

3.1.2　电子资料

Excel 电子版《经济学模拟沙盘电子分析工具》。

电子版的《经济学模拟沙盘电子分析工具》是本沙盘实训与其他沙盘实训的重要区别之一。学生在实物沙盘盘面上进行操作的同时，要在《经济学模拟沙盘电子分析工具》中的表格进行填报和记账。一年经营结束时，实物沙盘盘面数据应与电子分析工具中的数据相符，如出现不符的情形，则说明实物盘面有误或《经济学模拟沙盘电子分析工具》中填报过程中有误，应仔细核对，直至二者数据一致为止。

本章第二节将着重介绍实物沙盘筹码与《经济学模拟沙盘电子分析工具》的使用方法。

3.2 经济学模拟沙盘筹码与电子工具使用说明

3.2.1 认识沙盘盘面

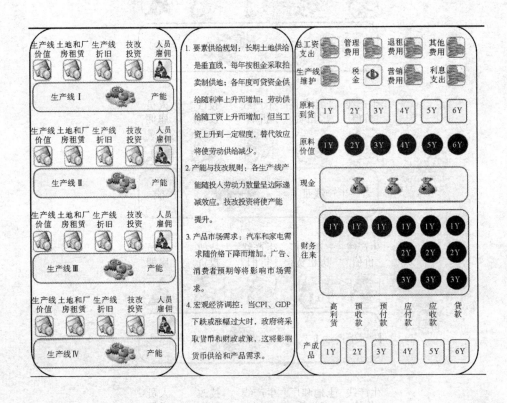

图 3.1 实物沙盘盘面

盘面可分为三部分，如上图所示。左侧部分为生产区域，中间部分为宏观调控区，右侧部分为成本核算区。

筹码分为代表实物的筹码、代表价值的现金筹码和代表劳动力的人员筹码共三种。代表实物的筹码主要有生产线、土地、劳动力、原料、产品等共九种筹码；代表现金筹码的有"一亿""一千万"和"一百万"三种筹码；代表劳动力的有"十人"和"百人"两种筹码。

3.2.2 沙盘筹码的使用说明

（1）生产区域

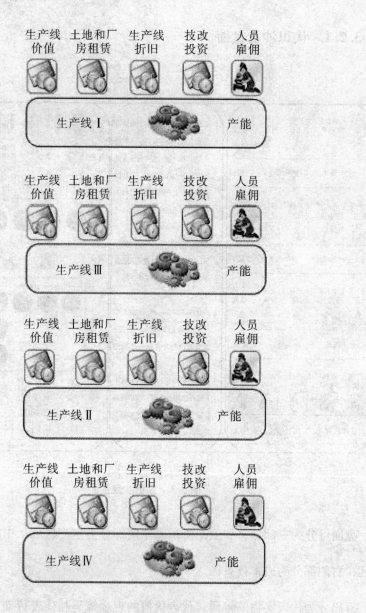

图3.2　生产区盘面

在图3.2"生产线Ⅰ"框中，放置代表实物的生产线筹码，每一个生产线框只能放置一条生产线，代表一定数量的产能。与生产线相关的因素包括生产线价值，土地和厂房租赁价值，生产线折旧价值，技改投资和与生产线配套的人员雇佣价值，其各自价值用相同数量的筹码放置在生产线上方的各方框中。如果有第二条生产线，则放置在下面的"生产线Ⅱ"框中。

例如，购置一条价值一亿元的生产线，必须先租赁土地和厂房100亩，同时雇佣人员300人进行生产。则在"生产线Ⅰ"框中放置一块生产线筹码，在"生产线价值"下方方框中放置1亿元现金筹码，在"土地和厂房租赁"下方的方框中放置100亩土地的实物筹码，在"人员雇佣"下方方框中放置300人实物筹码。在生产区域放置的筹码主要是代表实物的筹码。

（2）成本核算区（图3.3）

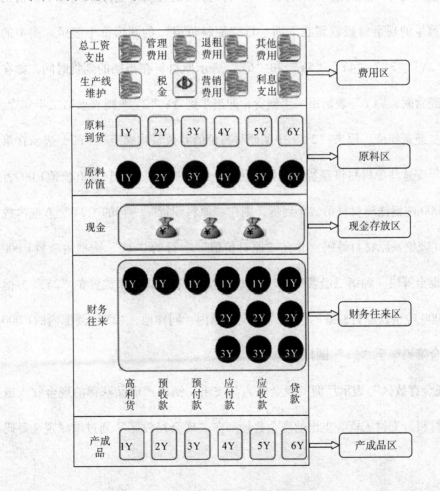

图3.3　成本核算区盘面

图 3.3 中，成本核算区可分为"费用区""原料区""现金存放区""财务往来区"和"产成品"五个区域。

"费用区"包括"总工资支出""管理费用""退租费用""其他费用""生产线维护""税金""营销费用"和"利息支出"八项费用的核算。当这八种费用发生的时候，将与发生费用数量相同的现金筹码放置在对应费用旁边的方框中。如发生工资支出 300 万元，则将 300 万元的现金筹码放置在"总工资支出"旁的方框内。

"原料区"记录原材料到货与库存情况，包括原材料的数量和价值。数量用相同数量实物筹码放置在"原料到货"一行的方框中表示，原材料对应的价值则用相同数量的现金筹码放置在下面一行"原料价值"的圆形框中表示。图中的"1Y""2Y""3Y""4Y""5Y"和"6Y"表示原材料在当期的到货时间，如在第一年经营时，"1Y"表示第一年到货，即当年到货；"2Y"则表示第二年到货。但在第二经营年度，原来"2Y"中的原材料价值和数量将移至"1Y"，表示在第二经营年度这些原材料将到货。例如，在第一经营年度，汽车厂商有价值 1 000 万元的 2 000 吨钢铁原材料第二年到货，则在"原料到货"一行的"2Y"方框内放置 2 000 吨钢铁原材料筹码，并在"原料价值"一行的"2Y"圆框内放置 1 000 万元的现金筹码。到第二经营年度，这批钢材将到货，则原来放置在"2Y"方框内的 2 000 吨钢铁原材料筹码移至"1Y"方框内；同样地，"2Y"圆框内的 1 000 万元现金筹码移至"1Y"圆框内。

"现金存放区"表示厂商的现金收入与支出。销售产成品获得的现金收入或购买原材料、支付工资等支出的现金数量都在"现金存放区"通过增减现金筹码表示。

"财务往来区"表示厂商与其他厂商或经济主体的财务往来账目。包括"贷

经济学模拟沙盘实训教程

款""预收款""预付款""应收款""应付款"和"高利贷"六个科目。圆形框"1Y""2Y""3Y"表示款项到期期限的长短。"1Y"表示当年到期,"2Y"表示两年到期。如两年期贷款 300 万元,则将 300 万的现金筹码放置在"贷款"上方"2Y"位置。

"产成品区"是放置每年所生产的产成品的区域。"1Y""2Y""3Y""4Y""5Y"和"6Y"分别用来放置对应经营年度的产成品。

3.3 经济学模拟沙盘电子工具使用说明

除了实物沙盘和筹码,本实训的一大特点是还拥有一套 Excel 电子版《经济学模拟沙盘电子分析工具》。

3.3.1 经济学模拟沙盘电子分析工具介绍

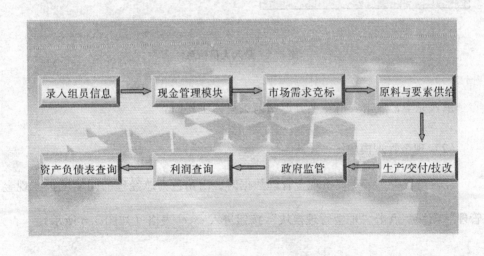

图 3.4 经济学模拟沙盘电子分析工具主界面

在主界面上共有"录入组员信息""现金管理模块""市场需求竞标""原料与要素供给""市场/交付/技改""政府监管""利润查询"和"资产负债表查

询"八个模块。

3.3.2 经济学模拟沙盘电子分析工具使用说明

（1）录入组员信息模块

每个团队人员角色确定之后，由角色为人力资源总监的同学录入组员信息。

点击主界面"录入人员信息"按钮，进入 excel 表格界面（如图 3.5 所示）。

成员信息

成员学号	成员姓名	岗位分工

小组信息

组长姓名	
组长学号	
组长电话	
所在组名称	
所在班级	
小组人数	

图 3.5　录入人员信息

录入完毕，点击表格左上方返回箭头返回主界面。

（2）现金管理模块

经营过程中，需要填报现金管理数据时，由角色为总经理的同学填报"现金管理"模块。点击"现金管理模块"按钮进入 excel 表格（如图 3.6 所示）。

现金管理模块

填写说明：请在绿色背景单元格中填写发生金额后将自动生成报表（未发生请直接填写0），数字前面不能用"+"或"-"号，也不用公式形式，如"300+400"。单位是万，如发生金额为1000万，只需填写1000。请勿更改此表名称结构和任何步骤，现金余额一栏将自动计算。

序号	经营步骤		责任人	发生金额　　　　单位：万					
				第一年	第二年	第三年	第四年	第五年	第六年
	期初现金余额			14500	12500	13500	7500	7500	7500
1	清空上年费用	清空上年所有费用栏（劳动力筹码也请退还）	全体成员						
2	资金规划	资金规划，填写学员手册相应表格	全体成员						
3	负债业务更新	所有应付款往前移一格，到期支付	财务总监						
		所有银行贷款往前移一格，到期偿还本金			4000	6000	0	0	0
		高利贷（委托贷款）往前移一格，到期偿还本金			0	0	0	0	0
4	资产业务更新	盘面资产项的应收款往前移一格，到期收回本金为	财务总监	0	5000				
		企业收回委托贷款，金额为			0	0	0	0	0
5	委托贷款	办理企业间委托贷款(高利贷)，获得现金	总经理	0					
		支付委托贷款-借入款项年度利息		0					
		企业发放委托贷款，金额为		0					
		收到委托贷款-贷出款项年度利息		0					
	现金盘点			14500	13500	7500	7500	7500	7500

图 3.6　现金管理模块

录入完毕，点击表格左上方返回箭头返回主界面。

（3）市场需求竞标模块

经营过程中，需要填报市场需求竞标模块数据时，由角色为营销总监或生产总监或人力资源总监的同学填报"市场需求竞标模块"。点击"市场需求竞标"按钮进入 excel 表格（如图 3.7 所示）。

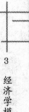

市场需求竞标

填写说明：请在绿色背景单元格中填写发生金额后将自动生成报表（未发生请直接填写0），数字前面不能用"+"或"-"号，也不用公式形式，如"300+400"。单位是万，如发生金额为1000万，只需填写1000。请勿更改此表名称结构和任何步骤，现金余额一栏将自动计算。

序号	经营步骤		责任人	发生金额　　　单位：万元					
				第一年	第二年	第三年	第四年	第五年	第六年
1	汽车和家电公司市场竞标	产品报价（万元）	营销总监						
		广告投标获得订单，支付广告费							
2	土地租赁与生产线买卖	土地和厂房租赁竞标，获得土地，支付本年全部土地（含已有土地）租赁费	生产总监						
		买入生产线，支付现金		0					
		以净值卖出闲置生产线，收到现金		0					
3	竞标劳动力	重新分配工人数量，劳动力工资重新竞标，支付本年度所有劳动力工资	人力资源总监						
		获得工人数量（人）							
	现金盘点			14500	13500	7500	7500	7500	7500

图 3.7　市场需求竞标模块

录入完毕，点击表格左上方返回箭头返回主界面。

（4）原料与要素供给模块

经营过程中，需要填报原料与要素供给模块数据时，由角色为销售总监的同学填报"原料与要素供给"模块。点击"原料与要素供给"按钮进入 excel 表格（如图 3.8 所示）。

原料与要素供给

填写说明：请在绿色背景单元格中填写发生金额后将自动生成报表（未发生请直接填写0），数字前面不能用"+"或"-"号，也不用公式形式，如"300+400"。单位是万，如发生金额为1000万，只需填写1000。请勿更改此表名称结构和任何步骤，现金余额一栏将自动计算。

序号	经营步骤		责任人	发生金额　　单位：万元					
				第一年	第二年	第三年	第四年	第五年	第六年
1	贷款	本年贷款上限	总经理	30000	30000	36000	36000	36000	36000
		贷款利率竞标，获得银行贷款							
		支付所有未到期银行贷款的年度利息							
2	原料采购	上年预订的原料到位，数量为（万吨）	采购总监	0.50	0.00	0.00	0.00	0.00	0.00
		预订原料到位，盘面预付款放在原料价值栏		3500	0	0	0	0	0
		本年购买新原料，请先在下面两行填写现金付款金额或赊账金额，再在此行填写购买数量为（万吨）							
		现金购买新原料，支付现金，同时在原料价值栏放入等额筹码							
		赊账购买的新原料已到货，应付款为（未到货的原料不计应付款）		0					
		预订下一年原料，支付预付款							
		付款预订下一年到货的原料，数量为（万吨）							
3	原料转卖	转卖原料，数量为（万吨）	销售总监	0.00					
		转卖原料，收到现金		0					
		转卖原料，未收到现金，应收款增加金额		0					
		转卖原料的成本筹码取走，放在盘面外，金额为		0					
		现金盘点		14500	13500	7500	7500	7500	7500

图 3.8　原料与要素供给模块

录入完毕，点击表格左上方返回箭头返回主界面。

（5）生产/交付/技改模块

经营过程中，需要填报生产/交付/技改模块数据时，由角色为营销总监和生产总监的同学填报"生产/交付/技改"模块。点击"生产/交付/技改"按钮进入 excel 表格（如图 3.9 所示）。

厂商生产交付与技改

填写说明：请在适格处根据生产进度中填写本年度生产交付金额与各年各生产线自动生成本金额（未发生生产进度则填写0）；未发生生产进度则填写0。填写项内不填项，格内不填项，格内填充公式表达式，"+" 或 "一" 号，也不需公式表达式，只需自动计算。单位万，如发生金额为1000万，只需填写1000。

* 请在技改改后改先不技改数据根据栏位步骤，规定实额一栏将自动计算。

序号	经营事项	责任人	第一年				第二年				第三年				第四年				第五年				第六年			
			生产线I	生产线II	生产线III	生产线IV	生产线I	生产线II	生产线III	生产线IV	生产线I	生产线II	生产线III	生产线IV	生产线I	生产线II	生产线III	生产线IV	生产线I	生产线II	生产线III	生产线IV	生产线I	生产线II	生产线III	生产线IV
	投入劳动力数量（人）																									
	支付加班费																									
1	生产（结算）																									
	可供生产的原料总量（万吨）				0.70				0.70				0.70				0.70				0.70				0.70	
	投入原料，进行生产，总计投入原料数量（万吨）				0				0				0				0				0				0	
	生产某成品，原料未购成成品/产成品，投入量回半价位置、账额为（台）				0				0				0				0				0				0	
	转化发电、收取现金				0				0				0				0				0				0	
	成品 转化发电、未收到现金、应收数增加数额				0				0				0				0				0				0	
	销售 销售某成品、数量为（台）				0				0				0				0				0				0	
	转化发电、支付现金				0				0				0				0				0				0	
	转化发电、已到期、应付数为（未到期应付产成品及产成品价付金额）付款				0				0				0				0				0				0	
	购买发电收取本某码固定生产某码固定的成本增值				0				0				0				0				0				0	
3	交付 交付本单交货、交换数量、金额为				0				0				0				0				0				0	
4	技改 （技改除段）				0.70				0.70				0.70				0.70				0.70				0.70	
	生产总结				4500				4500				4500				4500				4500				4500	
5	盘点 本年末某原料（万吨）																									
	本年末某制成品某码成本（万元）																									
	本年末某产成品数量库存（台）																									
	现金盘点（万元）				14500				13600				7500				7500				7500				7500	

图 3.9 生产/支付/技改模块

（6）政府监管模块

经营过程中，需要政府监管模块数据时，由角色为总经理和财务总监的同学填报"政府监管"模块。点击"政府监管"按钮进入 excel 表格（如图 3.10 所示）。

政府监管

填写说明：请在绿色背景单元格中填写发生金额后将自动生成报表（未发生请直接填写0），数字前面不能用"+"或"-"号，也不用公式形式，如"300+400"。单位为万，如发生金额为1000万，只需填写1000。请勿更改此表名称结构和任何步骤，现金余额一栏将自动计算。

序号	经营步骤		责任人	发生金额 单位：万					
				第一年	第二年	第三年	第四年	第五年	第六年
1	政府监管	没有生产线的闲置土地主动退租/被没收	总经理						
2	内部管理业务	支付管理费（每年管理费用为2千万）	总经理	2000					
		本年度政府财政补贴比率							
		获得政府财政补贴现金		0	0	0	0	0	0
		支付政府罚金		0					
3	交税	交增值税（请点击利润查询按钮）	财务总监	0	0	0	0	0	0
		交纳所得税（请点击利润查询按钮）		0	0	0	0	0	0
4	现金盘点	做报表，关账，盘点期末现金为	财务总监	12500	13500	7500	7500	7500	7500

图 3.10 政府监管模块

录入完毕，点击表格左上方返回箭头返回主界面。

（7）利润查询模块

经营过程中，需要利润查询模块数据时，由角色为财务总监的同学填报"利润查询"模块。点击"利润查询"按钮进入 excel 表格（如图 3.11 所示）。

损益表　单位：万元

项目	第一年	第二年	第三年	第四年	第五年	第六年
含税收入	0	0	0	0	0	0
增值税率	17.00%	17.00%	17.00%	17.00%	17.00%	17.00%
减：增值税	0	0	0	0	0	0
一、销售收入	0	0	0	0	0	0
减：原料成本	0	0	0	0	0	0
人员工资	0	0	0	0	0	0
土地和厂房租赁费	0	0	0	0	0	0
二、毛利	0	0	0	0	0	0
减：广告费	0	0	0	0	0	0
技改投入	0	0	0	0	0	0
管理费用	2000	0	0	0	0	0
利息	0	0	0	0	0	0
三、营业利润	-2000	0	0	0	0	0
加：本期奖励+其他净收益	0	0	0	0	0	0
减：违规操作罚金	0	0	0	0	0	0
四、利润总额	-2000	0	0	0	0	0
所得税税率	25.00%	25.00%	25.00%	25.00%	25.00%	25.00%
减：所得税	0	0	0	0	0	0
五、净利润	-2000	0	0	0	0	0

图 3.11 利润查询模块

录入完毕，点击表格左上方返回箭头返回主界面。

（8）资产负债表查询模块

经营过程中，需要资产负债表查询模块数据时，由角色为财务总监的同学填报"资产负债表查询"模块。点击"资产负债表查询"按钮进入 excel 表格（如图 3.12 所示）。

			资产负债表		单位：万元			
项目	期初	第一年	第二年	第三年	第四年	第五年	第六年
现金	14500	12500	13500	7500	7500	7500	7500
应收账款	5000	5000	0	0	0	0	0
原材料	1000	4500	4500	4500	4500	4500	4500
产成品的原料成本		0	0	0	0	0	0
预付款	3500	0	0	0	0	0	0
机器设备净值	10000	10000	10000	10000	10000	10000	10000
贷出的委托贷款		0	0	0	0	0	0
资产总计	34000	32000	28000	22000	22000	22000	22000
应付款	4000	4000	4000	4000	4000	4000	4000
贷款	10000	10000	6000	0	0	0	0
高利贷（借入的委托贷款）		0	0	0	0	0	0
应交税		0	0	0	0	0	0
预收款		0	0	0	0	0	0
负债合计	14000	14000	10000	4000	4000	4000	4000
股东资本	20000	20000	20000	20000	20000	20000	20000
以前年度利润	0	0	−2000	−2000	−2000	−2000	−2000
当年净利润	0	−2000	0	0	0	0	0
所有者权益合计	20000	18000	18000	18000	18000	18000	18000
负债及权益总计	34000	32000	28000	22000	22000	22000	22000

图 3.12　资产负债表查询模块

录入完毕，点击表格左上方返回箭头返回主界面。

以上为经济学模拟沙盘电子分析工具的说明和使用方法。

3.3.3　经济学模拟沙盘电子工具与筹码的关系

经济学模拟沙盘实物筹码与电子工具应配合使用。在模拟经营中，首先移动沙盘盘面上的实物筹码，同时，相关角色的同学在电子工具中记录数据变化，二者应同时同方向变动。一个经营年度结束之后，检查沙盘盘面上的实物筹码数量和电子工具中的相应数据，二者应完全相同。

经济学模拟沙盘电子工具比沙盘盘面实物筹码所反映的信息更全面，更系统。可以帮助学生熟悉实际经营过程，同时也熟悉经营的财会分析，并为团队制定下一年度的经营方案提供重要的依据。

本章只对经济学模拟沙盘电子工具进行了简单的说明，电子工具在模拟经营中的具体应用将在第四章中进行详细介绍。

4 经济学模拟沙盘实训内容与项目概述

本章主要介绍经济学模拟沙盘的实训推演过程。本实训设定了一个模拟经营的初始状态，以初始状态为基础开始第一年的模拟生产经营。

本章第三节结合经济学理论对模拟生产经营中各部门的决策依据进行了讲解和分析。

4.1 经济学模拟沙盘实训初始状态

经济学模拟沙盘实训设定了模拟经营的初始状态，即刚开始经营时的宏观环境和微观环境已经设定。

4.1.1 宏观经济环境设定

在模拟的市场环境中，汽车厂商和家电厂商为产品供给方，所产出的产品销售给本国消费者、本国政府、外国消费者或本国厂商。在本实训中，没有成立实际的消费者团队，所有汽车和家电是销售给系统模拟的需求市场的，系统模拟的需求规模由系统模拟经营所得到的宏观经济数据决定。汽车厂商和家电厂商的原料为钢材，可以从国内钢铁厂商处竞标购买也可以从国外购买，但从国外购买钢材因关税的原因须支付更高的价格。钢材的购买可以现货购买也可以通过预订的方式。

模拟实训中的钢铁厂商为汽车厂商和家电厂商的原料供应商，主要向汽车和家电厂商提供钢材。钢铁厂商生产的原料为铁精粉，铁精粉全部从国外购买，钢铁厂商和汽车厂商不能参与铁精粉竞标市场。

本实训中的生产要素包括土地、资本和劳动力。土地供给由政府控制，资本的供给受到储蓄和货币供给的共同影响，由系统经营结果决定。厂商所需劳动力通过劳动力市场工资竞标获得。

4.1.2　各厂商初始状态设定

4.1.2.1　汽车和家电厂商的初始状态

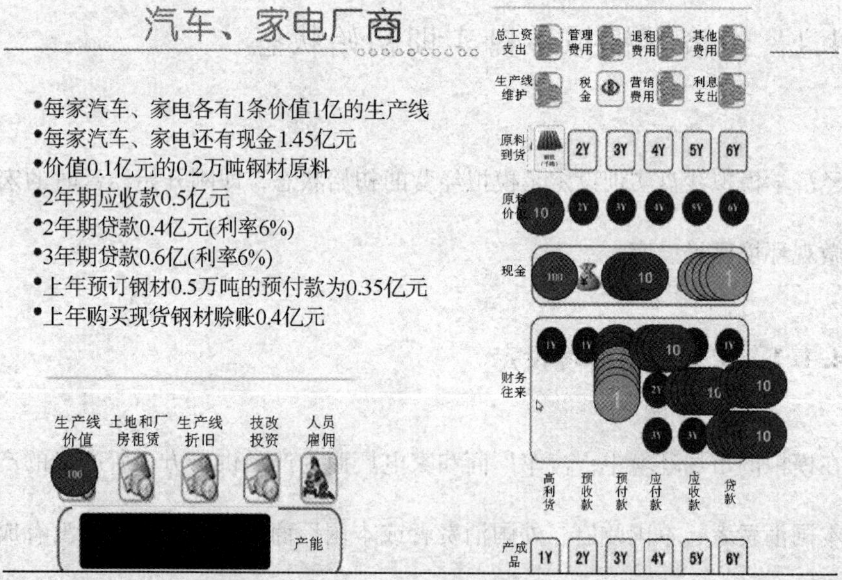

图 4.1　汽车和家电厂商的初始状态

4.1.2.2 钢铁厂商的初始状态

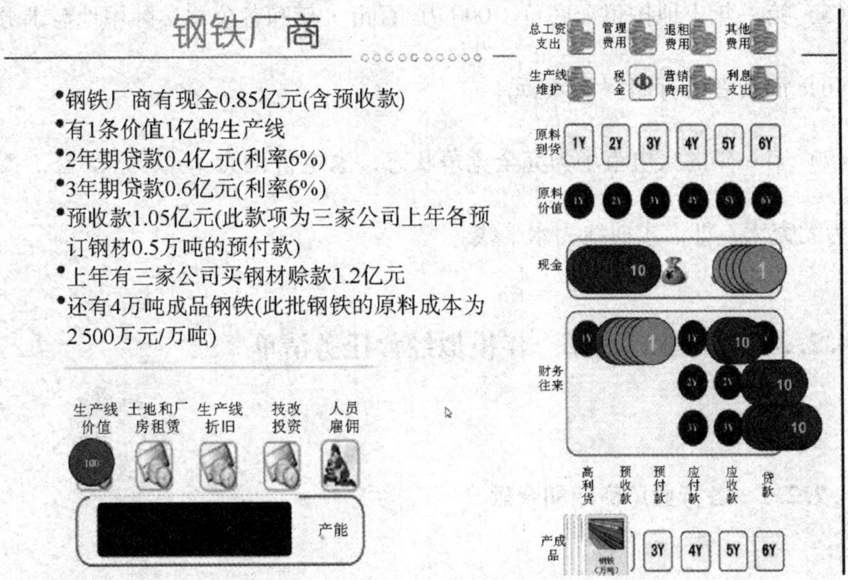

钢铁厂商
•钢铁厂商有现金0.85亿元(含预收款)
•有1条价值1亿的生产线
•2年期贷款0.4亿元(利率6%)
•3年期贷款0.6亿元(利率6%)
•预收款1.05亿元(此款项为三家公司上年各预订钢材0.5万吨的预付款)
•上年有三家公司买钢材赊款1.2亿元
•还有4万吨成品钢铁(此批钢铁的原料成本为2 500万元/万吨)
生产线价值
土地和厂房租赁
生产线折旧
技改投资
人员雇佣
产能
总工资支出
管理费用
退租费用
其他费用
生产线维护
税金
营销费用
利息支出
原料到货
原料价值
现金
财务往来
高利贷
预收款
预付款
应付款
应收款
贷款
产成品

图 4.2 钢铁厂商的初始状态

4.2 经济学模拟沙盘实训第一年经营推演

第一年模拟经营的目的不是竞争，而是为了让学生熟悉整个实训的方法和规则，按照设定的条件推进，从第二年开始学生才进入真正的自主模拟经营。第一年模拟经营按照设定的计划向后推演，相同行业厂商经营的结果也是相同的。

4.2.1 经济学模拟沙盘实训第一年经营初始条件

（1）第一年钢材参考价格为 6 000 万元/万吨，每家汽车和家电公司向钢铁公司采购 0.5 万吨钢材，同时向政府以 7 000 万元预订 1 万吨钢材；

（2）第一年按 300 万/万吨向每家钢铁企业各供应 32 万吨铁精粉；

（3）第一年工资为 12 万，每家企业各雇佣 280 人；

（4）第一年全社会可用工业用地总量为 1 100 亩；

（5）第一年土地按租金底价 1 000 万/百亩·年和各公司实际用地需求分配；

（6）消费者已有储蓄 20 亿元；

（7）第一年的家电市场为完全竞争状态，家电价格为 1.45 万元/台，各厂商订单为无穷大，即需求曲线为水平线。

4.2.2 各行业厂商第一年模拟经营任务清单

4.2.2.1 各行业厂商期初余额

（1）家电和汽车厂商沙盘盘面与电子工具数据的期初余额

项目	资产负债表	
	期初	第一年
现金	14 500	24 600
应收账款	5 000	5 000
原材料	1 000	0
产成品		0
预付款	3 500	8 000
机器设备净值	10 000	9 000
贷出的委托贷款		0
资产总计	34 000	46 600
应付款	4 000	0
贷款	10 000	25 000
高利贷（借入的委托贷款）		0
应交税		0
预收款		0
负债合计	14 000	25 000
股东资本	20 000	20 000
以前年度利润	0	0
当年净利润	0	1 600
所有者权益合计	20 000	21 600
负债及权益总计	34 000	46 600

图 4.3 汽车和家电厂商的初始状态

（2）钢铁厂商沙盘盘面与电子工具数据的期初余额

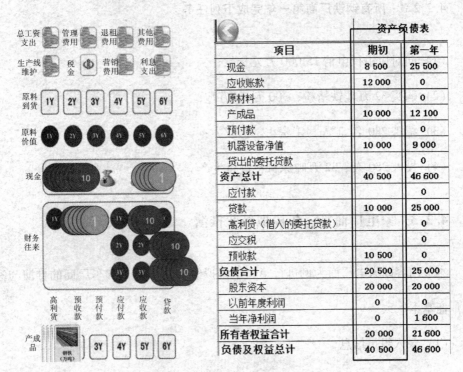

项目	期初	第一年
现金	8 500	25 500
应收账款	12 000	0
原材料		0
产成品	10 000	12 100
预付款		0
机器设备净值	10 000	9 000
贷出的委托贷款		
资产总计	**40 500**	**46 600**
应付款		0
贷款	10 000	25 000
高利贷（借入的委托贷款）		0
应交税		0
预收款	10 500	0
负债合计	**20 500**	**25 000**
股东资本	20 000	20 000
以前年度利润	0	0
当年净利润	0	1 600
所有者权益合计	**20 000**	**21 600**
负债及权益总计	**40 500**	**46 600**

图 4.4　钢铁厂商的初始状态

4.2.2.2　所有家电、汽车厂商第一年完成下列任务

（1）向对应银行申请贷款 15 000 万元；

（2）向对应钢铁公司现金购买钢材 0.5 万吨，金额 3 000 万元。汽车 A、家电 A、家电 B 向钢铁 A 预订，汽车 B、家电 C、家电 D 向钢铁 B 预订；

（3）向政府预订下一年进口钢材 1 吨，支付预付款 7 000 万元；

（4）报价 1.45 万元/台，14.5 万元/辆，广告费 500 万元；

（5）招聘 280 名工人，总工资 3 400 万元；

（6）投入 280 名工人，1.2 万吨原材料；

（7）交货 12 000 台家电、1 200 辆汽车；

（8）收到政府补贴 3%。

4.2.2.3 所有钢铁厂商第一年完成下列任务

（1）向对应银行申请 15 000 万元贷款；

（2）购买 32 万吨铁精粉，300 万元/万吨；

（3）招聘 280 名工人，工资 12 万元/人；

（4）投入 280 人、32 万吨原材料进行生产。

4.2.3 家电厂商第一年模拟经营推演

本节内容以家电厂商为例进行第一年模拟经营的推演，汽车厂商的推演与家

电厂商基本一致。

（1）录入组员信息

此步骤只需在电子分析工具中录入组员信息，不需要在盘面推演。

（2）进入电子分析工具中"现金管理模块"

序号	经营步骤		责任人	第一年	第二年	第三年	第四年	第五年	第六年
	期初现金余额			14500	23400	24400	18400	3400	3400
2	资金规划	资金规划，填写学员手册相应表格	全体成员						
3	负债业务更新	所有应付款往前移一格，到期支付	财务总监	4000					
		所有银行贷款往前移一格，到期偿还本金			4000	6000	15000	0	0
		高利贷（委托贷款）往前移一格，到期偿还本金			0	0	0	0	0
4	资产业务更新	盘面资产项的应收款往前移一格，到期收回本金为	财务总监	0	5000				
		企业收回委托贷款，金额为			0	0	0	0	0
5	委托贷款	办理企业间委托贷款（高利贷），获得现金	总经理	0					
		支付委托贷款-借入款项年度利息		0					
		企业发放委托贷款，金额为		0					
		收到委托贷款-贷出款项年度利息		0					
6	钢铁预定违约	钢铁公司无法支付预定钢材，收到钢铁公司违约金	总经理	0					
		取消上一年度预订钢材（吨）		0					
		收回上一年度支付的预付款		0					
		我方主动取消预订，我方支付违约金		0					
	现金盘点			10500	24400	18400	3400	3400	3400

图 4.5 现金管理模块

①查看"期初现金余额"，第一年为 14 500 万元，与沙盘盘面一致。盘面金

额见图 4.5。

②清空"上年费用栏"。期初费用为零，所以第一年经营不需进行操作。在学员手册上填写"资金规划表"。

③ 所有"应付款"往前移一格，到期支付。查看沙盘盘面：将应付款"1Y"位置 4 000 万元现金筹码移走，表示到期支付。

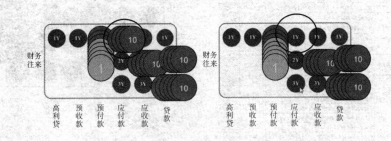

图 4.6 "应付款"往前移一格

④所有的"银行贷款"往前移一格，到期偿还本金。

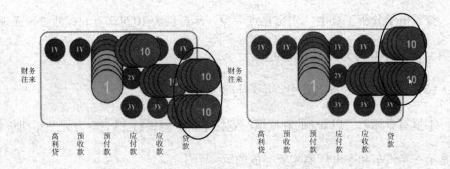

图 4.7 "贷款"往前移一格

⑤盘面"应收款"往前移一格，到期收回本金。

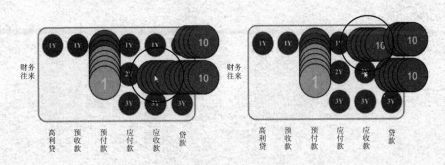

图 4.8 "应收款"往前移一格

⑥ "委托贷款" "钢铁预订违约" 在第一年均无变化，电子分析表格填写 "0"。

⑦期末现金盘点。

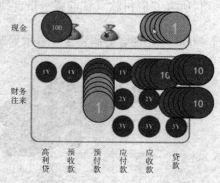

图 4.9 第一年现金盘点

查看电子分析工具中 "现金盘点" 第一年金额为 10 500 万元，沙盘盘面现金金额也为 10 500 万元，二者一致。

（3）进入电子分析工具中 "原料与要素供给" 模块

①填写竞标单，以 6% 的利率填写竞标单，获得银行 15 000 万元三年期贷款。这是第一年汽车和家电厂商需要完成的第一个任务。

序号	经营步骤		责任人	发生金额　单位：万元					
				第一年	第二年	第三年	第四年	第五年	第六年
1	贷款	本年贷款上限	总经理	30000	19800	25800	40800	40800	40800
		贷款利率竞标，填写竞标单，获得银行贷款		16000					
		支付所有未到期贷款的年度利息（含原有未到期贷款）		1500					
2	原料采购	上年预订的原料到位，数量为（万吨）	采购总监	0.50			0.00	0.00	0.00
		预订原料到位，盘面将付款放在原料成本栏		3500	7000	0	0	0	0
		签订钢铁采购协议，请先在下面两行填写现金付款金额或赊账金额，再在此行填写到货数量为（万吨）		0.50					
		现金购买新原料，支付现金或尾款，同时把等额原料成本筹码放在原料成本栏		3000					
		赊账购买的新原料已到货，应付款为（未到货的原料不计应付款）		0					
		预订下一年原料，支付预付款		7000					
		付款预订下一年到货的原料，数量为（万吨）		1.00					
3	原料转卖	转卖原料，数量为（万吨）	销售总监	0.00					
		转卖原料，收到现金		0					
		转卖原料，未收到现金，应收款增加金额		0					
		转卖原料的成本筹码取走，放在盘面外，金额为		0	0	0	0	0	0
		现金盘点		14000	24400	18400	3400	3400	3400

竞标得三年期贷款

图 4.10　贷款 15 000 万元

沙盘盘面三年期贷款增加 15 000 万元，现金增加 15 000 万元。盘面如下：

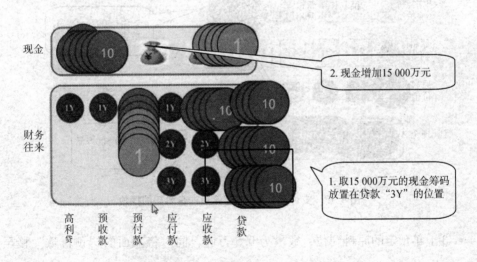

图 4.11　贷款 15 000 万元后沙盘盘面的摆放

②支付所有未到期贷款年度利息，利率为 6%，25 000 万元贷款的利息共

1 500万元。

原料与要素供给

填写说明：请在绿色背景单元格中填写发生金额后将自动生成报表（未发生请直接填写0）。数字前面不能用"+"或"~"号，也不用公式形式，如"300+400"。单位是万，如发生金额为1000万，只需填写1000。请勿更改此表名称结构和任何步骤，现金余额一栏将自动计算。

序号	经营步骤		责任人	发生金额　单位：万元					
				第一年	第二年	第三年	第四年	第五年	第六年
1	贷款	本年贷款上限	总经理	30000	19800	25800	40800	40800	40800
		贷款利率竞标，填写竞标单，获得银行贷款		15000					
		支付所有未到期贷款的年度利息（含原有未到期贷款）		1500					
2	原料采购	上年预订的原料到位，数量为（万吨）	采购总监	0.50			0.00	0.00	0.00
		预订原料到位，盘面预付款放原料成本栏		3500			0	0	0
		签订钢铁采购协议，请先在下面两行填写现金付款金额或赊账金额，再在此行填写到货数量为（万吨）		0.50					
		现金购买新原料，支付现金或尾款，同时把等额原料成本筹码放在原料成本栏		3000					
		赊账购买的新原料已到货，应付款为（未到货的原料不计应付款）		0					
		预订下一年原料，支付预付款		7000					
		付款预订下一年到货的原料，数量为（万吨）		1.00					
3	原料转卖	转卖原料，数量为（万吨）	销售总监	0.00					
		转卖原料，收到现金		0					
		转卖原料，未收到现金，应收款增加金额		0	0	0	0	0	0
		现金盘点		14000	24400	18400	3400	3400	3400

图 4.12　支付利息 1 500 万元

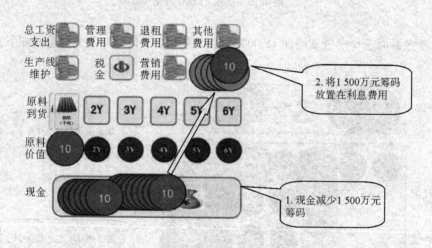

图 4.13　支付利息 1 500 万元后沙盘筹码的摆放

③上年预定的原料到位，数量为 0.5 万吨，同时将盘面的"预付款"移至"原料成本"栏。

填写说明：请在绿色背景单元格中填写发生金额后将自动生成报表（未发生请直接填写0），数字前面不能用"+"或"-"号，也不用公式形式，如"300+400"。单位是万，如发生金额为1000万，只需填写1000。请勿更改此表名称结构和任何步骤，现金金额一栏将自动计算。

序号	经营步骤		责任人	发生金额　单位：万					
				第一年	第二年	第三年	第四年	第五年	第六年
1	贷款	本年贷款上限	总经理	30000	19800	25800	40800	40800	40800
		贷款利率竞标，填写竞标单，获得银行贷款		15000					
		支付所有未到期贷款的年度利息（含原有未到期贷款）		1500					
2	原料采购	上年预订的原料到位，数量为（万吨）	采购总监	0.50	0.00	0.00	0.00	0.00	0.00
		预订原料到位，盘面预付款放在原料成本栏		3500			0	0	0
		签订钢铁采购协议，请先在下面两行填写现金付款金额或赊账金额，再在此行填写到货数量为（万吨）		0.50					
		现金购买新原料，支付现金或尾款，同时把等额原料成本筹码放在原料成本栏		3000					
		赊账购买的新原料已到货，应付款为（未到货的原料不计应付款）		0					
		预订下一年原料，支付预付款		7000					
		付款预订下一年到货的原料，数量为（万吨）		1.00					
3	原料转卖	转卖原料，数量为（万吨）	销售总监	0.00					
		转卖原料，收到现金		0					
		转卖原料，未收到现金，应收款增加金额		0					
		转卖原料的成本筹码取走，放在盘面外，金额为		0	0	0	0	0	0
		现金盘点		14000	24400	18400	3400	3400	3400

（USER：预定的5千吨原料到位，需把对应的原料价值放在盘面。）

图 4.14　上年预订原材料到货

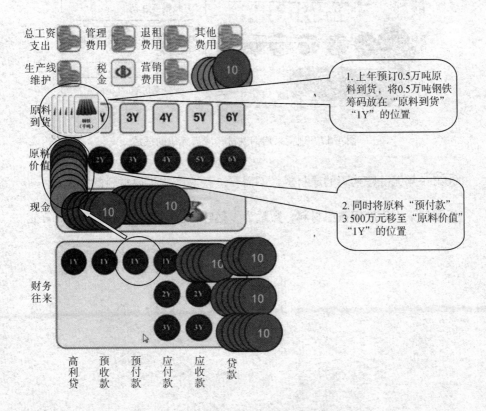

图 4.15　上年预订原材料到货的沙盘盘面摆放

④签订钢铁采购协议，用现金 3 000 万元支付。同时 0.5 万吨钢铁材料到货。

4　经济学模拟沙盘实训内容与项目概述

填写说明：请在绿色背景单元格中填写发生金额后将自动生成报表（未发生请直接填写0），数字前面不能用"+"或"-"号，也不用公式形式，如"300+400"。单位是万，如发生金额为1000万，只需填写1000。请勿更改此表名称结构和任何步骤，现金余额一栏将自动计算。

序号	经营步骤		责任人	第一年	第二年	第三年	第四年	第五年	第六年
1	货款	本年贷款上限	总经理	30000	19800	25800	40800	40800	40800
		贷款利率竞标，填写竞标单，获得银行贷款		15000					
		支付所有未到期贷款的年度利息（含原有未到期贷款）		1500					
2	原料采购	上年预订的原料到位，数量为（万吨）	采购总监	0.50	1.00	0.00	0.00	0.00	0.00
		预订原料到位，盘面转付款放在原料成本栏		3500	7000	0	0	0	0
		签订钢铁采购协议，请先在下面两行填写现金付款金额或赊账金额，再在此行填写到货数量为（万吨）		0.50					
		现金购买新原料，支付现金或现款，同时把等额原料成本筹码放在原料成本栏		3000					
		赊账购买的新原料已到货，应付款为（未到货的原料不计应付款）		0					
		预订下一年原料，支付预付款		7000					
		付款预订下一年到货的原料，数量为（万吨）		1.00					
3	原料转卖	转卖原料，数量为（万吨）	销售总监	0.00					
		转卖原料，收到现金		0					
		转卖原料，未收到现金，应收款增加金额		0					
		转卖原料的成本筹码取走，放在盘面外，金额为		0	0	0	0	0	0
		现金盘点		14000	24400	18400	3400	3400	3400

图 4.16　现金采购钢铁材料

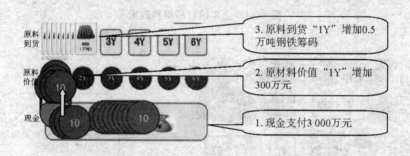

图 4.17　现金采购钢铁材料沙盘筹码的摆放

⑤第一年无赊账购买的原材料，不需要进行赊账购买原材料的操作。

⑥预订下一年度钢铁原材料，数量为 1 亿吨，同时支付预付款 7 000 万元。

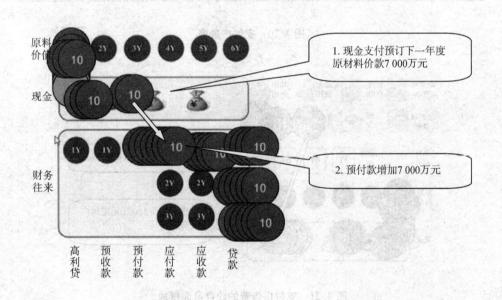

原料与要素供给

填写说明：请在绿色背景单元格中填写发生金额后将自动生成报表（未发生请直接填写0），数字前面不能用"+"支"-"号，也不用公式形式，如"300+400"。单位是万，如发生金额为1000万，只需填写1000。请勿更改此表名称结构和任何步骤，现金余额一栏将自动计算。

序号	经营步骤		责任人	发生金额　　　单位：万					
				第一年	第二年	第三年	第四年	第五年	第六年
1	贷款	本年贷款上限	总经理	30000	19800	25800	40800	40800	40800
		贷款利率竞标，填写竞标单，获得银行贷款		15000					
		支付所有未到期贷款的年度利息（含原有未到期贷款）		1500					
2	原料采购	上年预订的原料到位，数量为（万吨）	采购总监	0.50	1.00	0.00	0.00	0.00	0.00
		预订原料到位，盘面预付款放在原料成本栏		3500	7000	0	0	0	0
		签订钢铁采购协议，请先在下面两行填写现金付款金额或赊账金额，再在此行填写货数量为（万吨）		0.50					
		现金购买新原料，支付现金或尾款，同时把等额原料成本筹码放在原料成本栏		3000					
		赊账购买的新原料已到货，应付款为（未到货的原料不计应付款）		0					
		预订下一年原料，支付预付款		7000					
		付款预订下一年到货的原料，数量为（万吨）		1.00					
3	原料转卖	转卖原料，数量为（万吨）	销售总监	0.00					
		转卖原料，收到现金		0					
		转卖原料，未收到现金，应收款增加金额为		0					
		转卖原料的成本筹码取走，放在盘面外，金额为		0	0	0	0	0	0
		现金盘点		14000	24400	18400	3400	3400	3400

图 4.18　预订下一年到货的钢铁材料

1. 现金支付预订下一年度原材料价款7 000万元

2. 预付款增加7 000万元

图 4.19　预订下一年到货钢铁材料的沙盘盘面摆放

⑦第一年无原材料专卖业务，不需要进行操作。

⑧现金盘点。"原材料与要素供给"电子表格最后一行"现金盘点"金额为14 000万元，沙盘盘面"现金"余额也为14 000万元，二者一致。

（4）进入电子分析工具中"市场需求竞标"模块

①填写竞标单，产品市场报价为 1.45 万元/台。以后年度根据实际情况填写报价。

②填写竞标单，广告费为 500 万元。以后年度广告费全额自主决定。

市场需求竞标									

填写说明：请在绿色背景单元格中填写发生金额后将自动生成报表（未发生请直接填写0），数字前面不能用"＋"或"－"号，也不用公式形式，如"300+400"。单位是万，如发生金额为1000万，只需填写1000。请勿更改此表名称结构和任何步骤，现金余额一栏将自动计算。

序号	经营步骤		责任人	发生金额　　单位：万					
				第一年	第二年	第三年	第四年	第五年	第六年
1	汽车和家电公司市场竞标	填写竞标单，产品报价（万）	营销总监	1.45					
		填写竞标单，支付广告费		500					
2	土地租赁与生产线买卖	土地和厂房租赁竞标，获得土地，支付本年全部土地（含已有土地）租赁费	生产总监	1000					
		买入生产线，支付现金		0					
		退租土地，以净值卖出闲置生产线，收到现金		0					
3	竞标劳动力	计算生产线产能，劳动力工资重新竞标，支付本年度所有劳动力工资	人力资源总监	3400					
		获得工人数量（人）		280					
	现金盘点			9100	24400	18400	3400	3400	3400

图 4.20 支付广告费

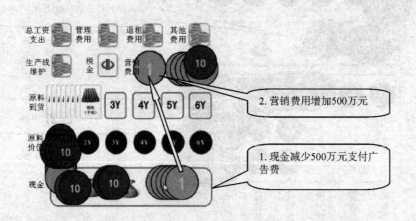

图 4.21 支付广告费的沙盘盘面摆放

③土地和厂房租赁竞标，获得土地，支付本年全部土地租赁费 1 000 万元。

填写说明：请在绿色背景单元格中填写发生金额后将自动生成报表（未发生请直接填写0），数字前面不能用"+"或"－"号，也不用公式形式，如"300+400"。单位是万，如发生金额为1000万，只需填写1000。请勿更改此表名称结构和任何步骤，现金余额一栏将自动计算。

序号	经营步骤		责任人	发生金额　　单位：万					
				第一年	第二年	第三年	第四年	第五年	第六年
1	汽车和家电公司市场竞标	填写竞标单，产品报价（万）	营销总监	1.45					
		填写竞标单，支付广告费		500					
2	土地租赁与生产线买卖	土地和厂房租赁竞标，获得土地，支付本年全部土地（含已有土地）租赁费	生产总监	1000					
		买入生产线，支付现金		0					
		退租土地，以净值卖出闲置生产线，收到现金		0					
3	竞标劳动力	计算生产线产能，劳动力工资重新竞标，支付本年度所有劳动力工资	人力资源总监	3400					
		获得工人数量（人）		280					
		现金盘点		9100	24400	18400	3400	3400	3400

图 4.22　支付全部土地租赁费

在沙盘上，先将土地 100 亩的筹码放在"土地和厂房租赁"的位置，见图 4.23（1），再将 1 000 万元租金筹码放在"土地和厂房租赁"的位置，见图 2.23（2）。

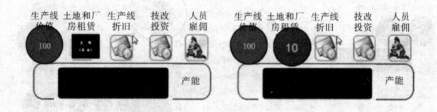

图 4.23　支付全部土地租赁费的沙盘盘面摆放

③期初状态有一条价值 1 亿元的生产线，第一年不需要进行购买新生产线的操作。

④第一年不退租土地，不需要进行退租土地的操作。

⑤劳动力工资竞标，支付本年度所有劳动力工资。本年度获得工人数量为 280 人，支付工资 3 400 万。以后年度劳动力数量可通过工资竞标得到。

填写说明：请在绿色背景单元格中填写发生金额后将自动生成报表（未发生请直接填写0），数字前面不能用"+"或"-"号，也不用公式形式，如"300+400"。单位是万，如发生金额为1000万，只需填写1000。请勿更改此表名称结构和任何步骤，现金余额一栏将自动计算。

序号	经营步骤		责任人	发生金额　　单位：万					
				第一年	第二年	第三年	第四年	第五年	第六年
1	汽车和家电公司市场竞标	填写竞标单，产品报价（万）	营销总监	1.45					
		填写竞标单，支付广告费		500					
2	土地租赁与生产线买卖	土地和厂房租赁竞标，获得土地，支付本年全部土地（含已有土地）租赁费	生产总监	1000					
		买入生产线，支付现金		0					
		退租土地，以净值卖出闲置生产线，收得现金		0					
3	竞标劳动力	计算生产线产能，劳动力资重新竞标，支付本年度所有劳动力工资	人力资源总监	340					
		获得工人数量（人）		280					
		现金盘点		9100	24400	18400	3400	3400	3400

图 4.24　工资竞标并支付全部劳动力工资

将 280 人的人员筹码放置在"人员雇佣"位置，减少现金筹码 3 400 万元，同时将 3 400 万元的筹码放置在"总工资支出"的位置。

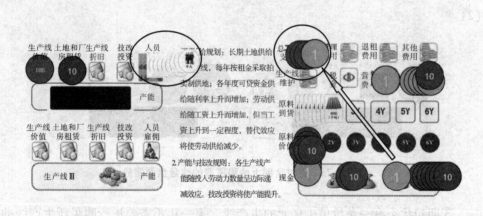

图 4.25　工资竞标并支付全部劳动力工资的沙盘盘面摆放

⑥现金盘点。

"市场需求竞标"电子表格最后一行"现金盘点"金额为 9 100 万元，沙盘盘面"现金"余额也为 9 100 万元，二者一致。

（5）进入"生产/交付/技改"模块

①生产。第一年投入劳动力数量 280 人放置在生产线 I 的位置，不需要加班，因此支付加班费为 0。

填写说明：请在绿色背景单元格中填写发生金额后将自动生成报表（未发生请直接填写0）。数字前面不能用"+"或"-"号，也不用公式形式，如"300+400"。单位：万元。请勿更改此表名称结构和任何步骤，现金余额一栏将自动计算。

序号	经营步骤		责任人	发生金额 单位：万元							
				第一年				第二年			
				生产线I	生产线II	生产线III	生产线IV	生产线I	生产线II	生产线III	生产线IV
1	生产	投入劳动力数量（人）	生产总监	280							
		支付加班费比率		0%							
		支付加班费		0	0	0	0	0	0	0	0
		产能计算（台）		12000	0	0	0	0	0	0	0
		可供生产的原料总量（万吨）		1.20				1.00			
		投入原料，进行生产，总计投入原料数量（万吨）		1.20							
		投入原料的成本筹码请放在生产线上，合计金额为		7500				0			
		生产完成，原料换成产成品，放入相应年份位置，数量为（台）		12000							
		转卖家电，数量为（台）		0							
		转卖家电的原料成本筹码随产品一起取走，金额为		0				0			
		转卖家电，收到现金									

图 4.26　雇佣工人 280 人，投入原料进行生产

在沙盘盘面，将原料到货"1Y"位置的 12 000 吨钢铁原料放置到生产线 I 的位置，同时将 12 000 吨钢铁的价值 7 500 万的筹码也放置在生产线 I 的位置。

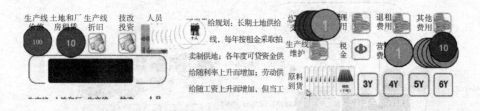

图 4.27　钢铁原材料投入生产前的沙盘盘面

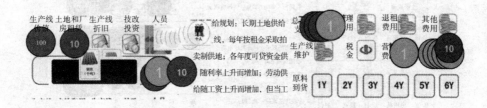

图 4.28　钢铁原材料投入生产后的沙盘盘面

②生产完成，原材料换成产成品放在相应的年份。

按照第一年投入的原材料数量，第一年的产成品数量为 12 000 台家电（汽车厂商的产量应为 1 200 辆）。

第一年没有转卖家电与购买家电的业务，所以专买家电与购买家电的表格数量均为零。如图 4.29 所示。

填写说明：请在绿色背景单元格中填写发生金额后将自动生成报表（未发生请直接填写0），数字前面不能用"＋"或"－"号，也不用公式形式，如"300+400"填写1000。请勿更改此表名称结构和任何步骤，现金余额一栏将自动计算。

序号	经营步骤		责任人	发生金额　　　　单位：万元							
				第一年				第二年			
				生产线Ⅰ	生产线Ⅱ	生产线Ⅲ	生产线Ⅳ	生产线Ⅰ	生产线Ⅱ	生产线Ⅲ	生产线Ⅳ
1	生产	支付加班费	生产总监	0	0	0	0	0	0	0	0
		产能计算（台）		0	0	0	0	0	0	0	0
		可供投产的原料总量（万吨）		0.70				0.70			
		投入原料，进行生产，总计投入原料数量（万）									
		投入原料的成本筹码请放在生产线上，合计金额		0				0			
2	成品转卖	生产完成，原料换成产品，放入相应年份位置，数量为（台）	营销总监								
		转卖家电，数量为（台）		0							
		转卖家电的钢材成品筹码随产品一起取走，金额		0							
		转卖家电，收到现金		0							
		转卖家电，未收到现金，应收款增加金额		0							
		购买家电，到货数量为（台）		0							
		购买家电，支付现金		0							
		购买家电已到货，应付款为（未到货的成品不计应付款）		0							
		购买家电的成本筹码放在产成品原料价值栏		0				0			
		按订单交货，交货数量（台）									

图 4.29　家电厂商第一年产成品产量 12 000 万台

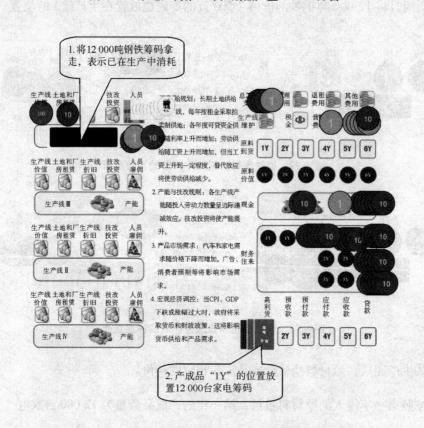

图 4.30　家电厂商第一年产成品产量 12 000 万台的沙盘盘面摆放

③交付。

按照订单交货。第一年订单为 12 000 台，生产的产品数量也是 12 000 台。其

经济学模拟沙盘实训教程

次，将所支付的 12 000 台产品的钢铁材料价值 7 500 万一并拿走。最后，按订单交货后收回货款共计 17 400 万。

填写说明：请在绿色背景单元格中填写发生金额后将自动生成报表（未发生请直接填写0），数字前面不能用"+"或"-"号，也不用公式形式，如"300+400"填写1000。请勿更改此表名称结构和任何步骤，现金余额一栏将自动计算。

序号	经营步骤		责任人	第一年				第二年			
				生产线Ⅰ	生产线Ⅱ	生产线Ⅲ	生产线Ⅳ	生产线Ⅰ	生产线Ⅱ	生产线Ⅲ	生产线Ⅳ
2	成品转卖	转卖家电，数量为（台）	营销总监								
		转卖家电的钢材成品筹码随产品一起取走，金额		0				0			
		转卖家电，收到现金		0							
		转卖家电，未收到现金，应收款增加金额		0							
		购买家电，到货数量为（台）		0							
		购买家电，支付现金		0							
		购买家电已到货，应付款为（未到货的成品不计应付款）		0							
		购买家电的成本筹码放在产成品原料价值栏		0				0			
3	交付	按订单交货，交货数量（台）	营销总监								
		交付产品的钢材成本筹码随产品一起取走，金额		0				0			
		按订单交货，收取现金货款		0				0			
4	技改	技改投资	生产总监								
5	盘点	本年末剩余原料（万吨）	生产总监	0.70				0.70			
		本年末剩余原料成本（万元）		4500				4500			
		本年末家电库存数量（台）	生产总监								

发生金额　　单位：万元

图 4.31　按照订单交货 12 000 万台

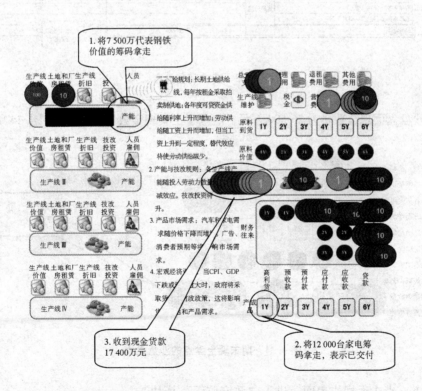

1. 将 7 500 万代表钢铁价值的筹码拿走

3. 收到现金货款 17 400 万元

2. 将 12 000 台家电筹码拿走，表示已交付

图 4.32　按照订单交货 12 000 万台的沙盘盘面摆放

④技改。

第一年度生产线由于使用时间已久，不能进行技改。以后年度可以根据需要投入相应的金额进行技改投资，具体规则见第二章第一节。

⑤现金盘点。

期末进行现金盘点，电子工具现金为 26 500 万元。

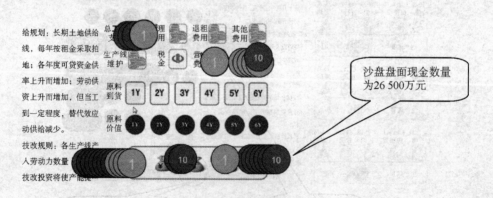

图 4.33　期末现金盘点

沙盘盘面现金数量为 26 500 万元，与电子工具现金数量一致，如图 4.34 所示。

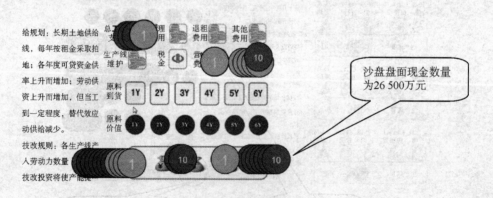

图 4.34　期末现金盘点的沙盘盘面

（6）点击返回主界面，进入"政府监管"模块

①没有生产线的限制土地将主动退租或被没收。

家电 A 有一条生产线 I，所以不存在退租土地或被没收土地的情况。

填写说明：请在绿色背景单元格中填写发生金额后将自动生成报表（未发生请直接填写0），数字前面不能用"+"或"-"号，也不用公式形式，如"300+400"。单位是万，如发生金额为1000万，只需填写1000。请勿更改此表名称结构和任何步骤，现金余额一栏将自动计算。

序号	经营步骤		责任人	发生金额　　单位：万元					
				第一年	第二年	第三年	第四年	第五年	第六年
1	政府监管	没有生产线的闲置土地主动退租/被没收	总经理						
2	内部管理业务	支付管理费（每年管理费用为2千万）	总经理	2000					
		本年度政府财政补贴比率		3.00%					
		获得政府财政补贴现金（按不含税销售收入计算）		400	0	0	0	0	0
		支付罚金		0					
		支付库存原料和产成品仓储费用		0	0	0	0	0	0
3	交税	交增值税（请点击利润查询按钮）	财务总监	1400	0	0	0	0	0
		交纳所得税（请点击利润查询按钮）		100	0	0	0	0	0
4	现金盘点	做报表，关账，盘点期末现金为	财务总监	23400	24400	18400	3400	3400	3400

图 4.35　不存在土地退租或被没收的情况

②内部管理业务。

第一年支付管理费用 2 000 万元，本年度政府财政补贴比率为 3%，获得政府财政补贴现金 400 万元，没有要支付的罚金，支付库存原料和产成品的仓储费用为零。

填写说明：请在绿色背景单元格中填写发生金额后将自动生成报表（未发生请直接填写0），数字前面不能用"+"或"-"号，也不用公式形式，如"300+400"。单位是万，如发生金额为1000万，只需填写1000。请勿更改此表名称结构和任何步骤，现金余额一栏将自动计算。

序号	经营步骤		责任人	发生金额　　单位：万					
				第一年	第二年	第三年	第四年	第五年	第六年
1	政府监管	没有生产线的闲置土地主动退租/被没收	总经理						
2	内部管理业务	支付管理费（每年管理费用为2千万）	总经理	2000					
		本年度政府财政补贴比率		3.00%					
		获得政府财政补贴现金（按不含税销售收入计算）		400	0	0	0	0	0
		支付罚金		0					
		支付库存原料和产成品仓储费用		0	0	0	0	0	0
3	交税	交增值税（请点击利润查询按钮）	财务总监	1400	0	0	0	0	0
		交纳所得税（请点击利润查询按钮）		100	0	0	0	0	0
4	现金盘点	做报表，关账，盘点期末现金为	财务总监	23400	24400	18400	3400	3400	3400

图 4.36　内部管理业务

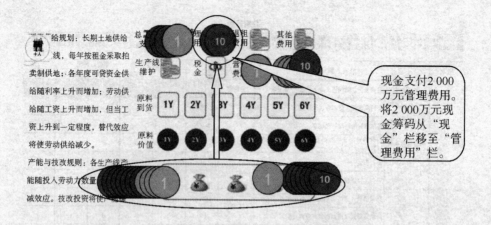

现金支付2 000
万元管理费用。
将2 000万元现
金筹码从"现
金"栏移至"管
理费用"栏。

图4.37 用现金支付2 000万元管理费用的沙盘盘面摆放

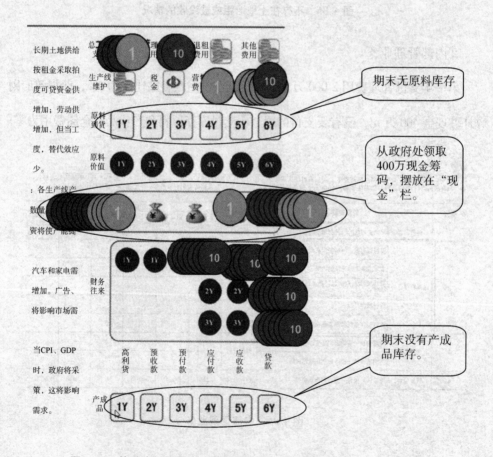

期末无原料库存

从政府处领取
400万现金筹
码，摆放在"现
金"栏。

期末没有产成
品库存。

图4.38 从政府处领取400万元财政补贴放在现金栏的沙盘盘面摆放

③缴税。

点击"利润查询"，可查看到厂商应交增值税为1 400万元，所得税为100

万元。

损益表　单位：万元

项目	第一年	第二年	第三年	第四年	第五年	第六年
含税收入	17400	0	0	0	0	0
增值税税率	17.00%	17.00%	17.00%	17.00%	17.00%	17.00%
减：增值税	1400	0	0	0	0	0
一、销售收入（不含税）	14900	0	0	0	0	0
减：原料成本（不含税）	6400	0	0	0	0	0
人员工资	3400	0	0	0	0	0
土地和厂房租赁费	1000	0	0	0	0	0
二、毛利	4100	0	0	0	0	0
减：广告费	500	0	0	0	0	0
技改投入	0	0	0	0	0	0
管理费用	2000	0	0	0	0	0
利息	1500	0	0	0	0	0
三、营业利润	100	0	0	0	0	0
加：本期奖励+其他净收益	400	0	0	0	0	0
减：违规操作罚金	0	0	0	0	0	0
四、利润总额	500	0	0	0	0	0
所得税税率	25.00%	25.00%	25.00%	25.00%	25.00%	25.00%
减：所得税	100	0	0	0	0	0
五、净利润	400	0	0	0	0	0

图 4.39　利润表中查询增值税与所得税

政府监管

填写说明：请在绿色背景单元格中填写发生金额后将自动生成报表（未发生请直接填写0），数字前面不需用"+"或"-"号，也不用公式形式，如"300+400"。单位是万，如发生金额为1000万，只需填写1000。请勿更改此表名称结构和任何步骤，现金余额一栏将自动计算。

序号	经营步骤		责任人	发生金额　单位：万元					
				第一年	第二年	第三年	第四年	第五年	第六年
1	政府监管	没有生产线的闲置土地主动退租/被没收	总经理						
2	内部管理业务	支付管理费（每年管理费用为2千万）	总经理	2000					
		本年度政府财政补贴比率		3.00%					
		获得政府财政补贴现金（按不含税销售收入计算）		400	0	0	0	0	0
		支付罚金		0					
		支付库存原料和产成品仓储费用		0	0	0	0	0	0
3	交税	交增值税（请点击利润查询按钮）	财务总监	1400	0	0	0	0	0
		交纳所得税（请点击利润查询按钮）		100	0	0	0	0	0
4	现金盘点	做报表，关账，盘点期末现金为	财务总监	23400	24400	18400	3400	3400	3400

图 4.40　政府监管表中增值税与所得税的缴纳

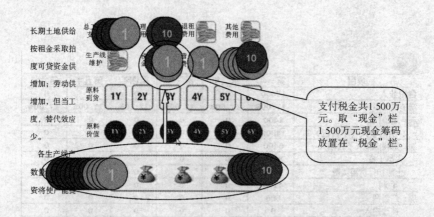

图 4.41　现金支付增值税和所得税的沙盘盘面摆放

④现金盘点。

期末进行现金盘点。至此，下一步将做报表，关账。期末现金为 23 400 万元。

序号	经营步骤		责任人	发生金额　　　单位: 万元					
				第一年	第二年	第三年	第四年	第五年	第六年
1	政府监管	没有生产线的闲置土地主动退租/被没收	总经理						
2	内部管理业务	支付管理费（每年管理费用为2千万）	总经理	2000					
		本年度政府财政补贴比率		3.00%					
		获得政府财政补贴现金（按不含税销售收入计算）		400	0	0	0	0	0
		支付罚金		0					
		支付库存原料和产成品仓储费用		0	0	0	0	0	0
3	交税	交增值税（请点击利润查得按钮）	财务总监	1400	0	0	0	0	0
		交纳所得税（请点击利润查得按钮）		100	0	0	0	0	0
4	现金盘点	做报表，关账，盘点期末现金为	财务总监	23400	24400	18400	3400	3400	3400

政府监管

填写说明：请在绿色背景单元格中填写发生金额后将自动生成报表（未发生请直接填写0），数字前面不能用"+"或"-"号，也不用公式形式，如"300+400"。单位是万，如发生金额为1000万，只需填写1000。请勿更改此表名称结构和任何步骤，现金余额一栏将自动计算。

图 4.42　电子工具期末现金余额为 23 400 万元

沙盘盘面现金余额为 23 400 万元，与电子工具期末现金余额一致。

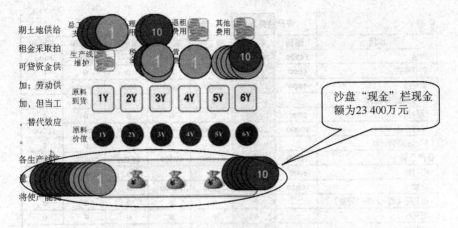

图 4.43　沙盘盘面现金余额为 23 400 万元

（7）返回主界面，进入"利润查询"模块

下面是家电厂商第一年的利润表。

项目	第一年	第二年	第三年	第四年	第五年	第六年
含税收入	17400	0	0	0	0	0
增值税税率	17.00%	17.00%	17.00%	17.00%	17.00%	17.00%
减：增值税	1400	0	0	0	0	0
一、销售收入（不含税）	14900	0	0	0	0	0
减：原料成本（不含税）	6400	0	0	0	0	0
人员工资	3400	0	0	0	0	0
土地和厂房租赁费	1000	0	0	0	0	0
二、毛利	4100	0	0	0	0	0
减：广告费	500	0	0	0	0	0
技改投入	0	0	0	0	0	0
管理费用	2000	0	0	0	0	0
利息	1500	0	0	0	0	0
三、营业利润	100	0	0	0	0	0
加：本期奖励+其他净收益	400	0	0	0	0	0
减：违规操作罚金	0	0	0	0	0	0
四、利润总额	500	0	0	0	0	0
所得税税率	25.00%	25.00%	25.00%	25.00%	25.00%	25.00%
减：所得税	100	0	0	0	0	0
五、净利润	400	0	0	0	0	0

损益表　单位：万元

图 4.44　家电厂商利润表

（8）返回主界面，进入"资产负债表查询"模块

下面是家电厂商第一年的资产负债表。

	资产负债表		单位：万元				
项目	期初	第一年	第二年	第三年	第四年	第五年	第六年
现金	14500	23400	24400	18400	3400	3400	3400
应收账款	5000	5000	0	0	0	0	0
原材料	1000	0	7000	7000	7000	7000	7000
产成品的原料成本		0	0	0	0	0	0
预付款	3500	7000	0	0	0	0	0
机器设备净值	10000	10000	10000	10000	10000	10000	10000
贷出的委托贷款		0	0	0	0	0	0
资产总计	34000	45400	41400	35400	20400	20400	20400
应付款	4000	0	0	0	0	0	0
贷款	10000	25000	21000	15000	0	0	0
高利贷（借入的委托贷款）		0	0	0	0	0	0
应交税		0	0	0	0	0	0
预收款		0	0	0	0	0	0
负债合计	14000	25000	21000	15000	0	0	0
股东资本	20000	20000	20000	20000	20000	20000	20000
以前年度利润	0	0	400	400	400	400	400
当年净利润	0	400	0	0	0	0	0
所有者权益合计	20000	20400	20400	20400	20400	20400	20400
负债及权益总计	34000	45400	41400	35400	20400	20400	20400

图 4.45 家电厂商资产负债表

至此，家电厂商第一年的经营推演就全部结束。汽车和钢铁厂商第一年的推演过程与家电商场是一样的，在此不再赘述。

经济学模拟沙盘实训教程

5 各部门的经济学决策

在沙盘实训中，不同时期各部门需根据实际情况做出理性决策。政府部门的决策主要作用于宏观经济，根据上一年的运营结果进行宏观数据统计，并通过运用不同的财政政策和货币政策对宏观经济进行有效调控。各行业厂商则在宏观指标基础上，根据利润最大化原则或其他经营目标制定对自己最有利的经营决策。下面的内容将分别论述政府部门和厂商部门的经济学决策原理。

5.1 政府部门的经济学决策

当一年的模拟经营结束时，系统可自动生成 CPI、GDP 等宏观经济数据。各团队在竞标政府组时需填报目标 GDP 增长率、CPI 指数、失业率、最低利率、货币供给总量、增值税率、所得税率等数据，作为竞标的依据。经过一年的运营，根据运营实际结果与目标值的差距大小，给当选政府组的各个团队加减分数。因此，选择合适的宏观经济数据目标值是非常重要的。

上述各个宏观经济指标的确定取决于政府组所采取的宏观经济政策，宏观经济政策主要包括财政政策和货币政策。政府组根据上一期经营的结果和经济发展趋势选择不同的宏观经济政策。政府宏观调控的目标：充分就业、价格稳定、经济持续均衡增长和人均收入持续增长。

5.1.1 扩张型宏观经济政策

何时采取扩张性型经济政策，何时采取紧缩型经济政策，应对经济发展的形势进行分析权衡后斟酌使用，应"逆经济风向行事"。即在经济衰退时实行扩张型经济政策，在经济繁荣时实行紧缩型经济政策。

这样的经济政策就是凯恩斯主义的"需求管理"。因为凯恩斯当时分析的是需求不足的萧条状态的经济，他认为调节经济的重点应放在总需求的管理方面，保证总需求适应总供给。

扩张型的宏观经济政策主要作用于总需求小于总供给，经济发展衰退，增长速度变慢，并可能发生通货紧缩的时期，是政府通过财政分配活动和货币政策刺激来增加社会总需求的一种政策行为。主要是通过减税、增加支出、扩大货币供应量等方式增加和刺激社会总需求的一种宏观经济政策。当经济生活中出现需求不足时，运用扩张型经济政策可以使社会总需求与总供给的差额缩小以至达到平衡。

在经济学模拟实训中，如果遇到上一年的 CPI、GDP、产品价格等经济数据都很低甚至为负的情况，可以认为经济处于衰退期，应采用扩张型的经济政策。

在经济学模拟沙盘实训中，政府组实行扩张型经济政策可采用以下一种或几种方法：

①降低税率：降低税率属于扩张型财政政策，降低税率将增加企业和个人的收入，增加市场有效需求，从而刺激经济增长。

②增加政府补贴：增加政府补贴也属于扩张型财政政策，其目的也是增加收入，增加市场有效需求，刺激经济增长。

③降低市场利率：降低市场利率属于扩张型货币政策，即降低企业投融资成

本，刺激投资增加，刺激经济增长。

④增加可贷资金总量：增加可贷资金总量也是扩张型货币政策，目的是使市场货币供给充足，刺激投资需求，刺激经济增长。

5.1.2　稳健型宏观经济政策

稳健型宏观经济政策是指在宏观上既要防止通货膨胀的苗头继续扩大，又要防止通货紧缩趋势的重新出现；既要坚决控制投资需求膨胀，又要努力扩大消费需求；既要对投资过热的行业从紧，又要着力支持经济社会发展中的薄弱环节。政策核心是松紧适度、着力协调、放眼长远。

在经济学模拟沙盘实训中，如果上一年的 CPI、GDP、产品价格等经济数据基本保持在温和水平，没有大幅的上涨或下跌的情况，可以认为经济处于稳定增长期，应采用稳健型的经济政策。

在经济学模拟沙盘实训中，政府组实行稳健型经济政策不需要对各项宏观政策工具做大幅度变化，可针对实际数据进行微调。

5.1.3　紧缩型宏观经济政策

紧缩型的宏观经济政策主要作用于由于总需求大于总供给，经济发展过热，增长速度过快，并伴随发生通货膨胀的时期，是政府通过财政政策和货币政策缩减社会总需求的一种政策行为。主要是通过缩减财政支出、减少货币供应量、公开市场业务、提高再贴现率等方式来减少社会总需求的一种宏观经济政策方式。当经济生活中出现需求过热时，运用紧缩型经济政策可以使社会总需求与总供给的差额缩小以至达到平衡。

在经济学模拟实训中，如果遇到上一年的 CPI、产品价格等经济数据都很高的情况，可以认为经济处于过快增长期，并伴随通货膨胀，应采用紧缩型的经济政策。

在经济学模拟沙盘实训中，政府组实行紧缩型经济政策可采用以下一种或几种方法：

①减少政府补贴：减少政府补贴属于紧缩型财政政策，其目的是降低收入，降低市场有效需求，抑制过度投资和需求的过快增长。

②提高市场利率：提高市场利率属于紧缩型货币政策，即提高企业投融资成本，抑制过度投资，使经济增长速度回归到正常水平。

③减少可贷资金总量：减少可贷资金总量也是紧缩型货币政策，目的是减少市场货币供给，抑制投资需求，使经济增长保持正常水平。

5.2 厂商部门的经济学决策

5.2.1 贷款竞标

可贷资金总量由政府组在制定宏观经济政策时确定，可贷资金总量的多少决定了货币供给的多少。如果政府组采用紧缩经济政策，则可贷资金总量将会比较少，市场货币供给减少，贷款竞标时投标利率较高的厂商更容易获得贷款。因此，在已知政府组采用紧缩经济政策时，各厂商进行贷款竞标时可考虑较高的利率投标。

各厂商在进行新一年贷款竞标的时候，需根据现有资金金额、生产规模、未偿还贷款金额等多种因素判断需新增贷款规模。具体决策方法如下：

①在经济学模拟沙盘实训中，厂商的资金需求总量取决于产能的扩张规模。具体资金总需求的计算公式如下：

厂商资金需求＝现有资金-原料采购-原料预订-贷款到期偿还-利息-广告费-

工资和加班费-土地租金 (5.1)

②每条生产线需要一定的资金配合才能顺利完成生产，每增加一条生产线，

为了让生产线完全开工就需要一定的增量资金。每条生产线大约所需配套资金的

数量可用以下公式：

每条生产线大约所需增量资金＝原料采购+工资和加班费+土地租金 (5.2)

③政府组可用以下公式判断可贷资金总量是否宽松：

资金供求差额＝资金供给-各组现有资金之和-各组生产线之和×单条生产线

需要的资金 (5.3)

5.2.2 钢铁公司产量计算

钢铁公司在计算下一年度产量之前，首先需要了解汽车和家电厂商的订单数

量，并据此计算出各厂商在当年完成订单后剩余的钢材库存量。其次，下一年度

汽车和家电生产量取决于各公司现有生产线数量和下年度可能新增生产线数量，

钢铁厂商通过分析下一年度汽车和家电厂商可能的生产线数量来预测下一年度钢

铁需求量。钢铁公司只能销售库存钢铁，当年生产的钢铁不能当年销售。

①下一年度钢材需求量的计算公式如下：

下一年度钢材需求量＝本年钢材预订量-本年底汽车和家电企业钢材总库存量

+下一年度汽车和家电生产量 (5-4)

②下一年度汽车和家电产品生产量的计算过程如下：

汽车和家电厂商的总订单量＝订单总金额／实际报价 (5.5)

实际报价＝名义报价／（1+与第一年相比的价格涨幅）／（1+政府补贴）

(5.6)

下一年度汽车和家电厂商的生产量＝总订单量−总库存+年底预留库存　（5.7）

因此，钢材厂商需要了解汽车和家电厂商的订单总金额、实际产品报价、总库存、年底预留库存以及政府补贴几项资料，即可计算出下一年度钢材的需求量。

5.2.3　钢铁采购谈判

汽车和家电厂商以钢材为原料进行生产，可以从国内厂商处订购钢材，也可以从国外市场订购钢材，从国外订购钢材需提前一年，价格比国内高。在钢材市场中，钢材需求方和供给方之间可以通过对钢材的供给与需求量比对钢材价格进行谈判。主要依据包括钢材的实际需求数量、国内钢材的供给量等。具体计算过程如下：

钢材实际需求＝汽车和家电总产量×原料消耗量−上年库存钢材−上年预订到货量+年底预留钢材库存　　　　　　　　　　　　　　　　　　　　　　（5.8）

国内钢材供给量＝各钢铁公司上年库存量　　　　　　　　　　　　　（5.9）

价格谈判考虑因素：钢材的供给量与需求量以及双方的合理利润率。

5.2.4　钢铁公司铁精粉竞标

铁精粉是生产钢材的原材料，钢铁公司需从国外市场购买。首先，钢铁公司要根据下一年度钢铁的需求量来确定需购买的铁精粉数量（计算方法见式5.4）；其次，铁精粉的报价会影响铁精粉的供给数量，根据供给法则，价格越高供给量越多，价格越低供给量越少。铁精粉报价过低将导致铁精粉供给不足，而报价过高则直接导致钢材生产成本增加，影响钢铁公司利润。

5.2.5　汽车和家电厂商的广告费用

在经济学模拟沙盘实训中，广告费用对家电和汽车厂商产品需求量的影响是相同的，即投入的广告费用越多，需求量越大，并且没有边际效用递减。

广告是一种信息传递的途径，在信息不对称的市场中，广告可以使更多不太了解产品的消费者更好更多地了解产品的优点，从而使更多的消费者愿意购买产品，增加产品销售量。

广告费用的投入是降低信息不对称所付出的代价，获得的回报是增加产品销售量。在此实训中，广告费用与销售量成正比，投入的广告费用越多，销售量越大。

在实际经济环境中，根据经济学边际收入等于边际成本的原理，当投入广告费用所带来的边际成本与增加销量带来的边际收入二者相等时，厂商利润实现最大化。此时不宜再增加广告费用的投入，否则厂商利润将会开始递减。因此，广告费用的投入并不是越多越好，而是有最大限度的。

5.2.6 汽车和家电厂商的产品报价

家电与汽车属于耐用品，其消费支出在家庭总支出中占比较大。根据经济学商品需求价格弹性的相关知识，可知家电与汽车都属于需求价格弹性大于1，即富有弹性的商品。

对于｜Ed｜>1富有弹性的商品，降低价格会增加厂商的销售收入；相反，提高价格会减少厂商的销售收入，即商品价格与厂商的销售收入成反方向的变动。

对于｜Ed｜<1缺乏弹性的商品，降低价格会使厂商的销售收入减少；相反，提高价格会使厂商的销售收入增加，即商品价格与厂商的销售收入成同方向的变动。

当然销售收入的增加并不一定会使利润增加。因为利润增加与否除了与总收入有关，还与成本有关。

利润＝销售收入－固定成本－变动成本　　　　　　　　　　　　　(5.10)

在经济学模拟沙盘实训中，产品的固定成本为生产线、厂房、土地等生产资料形成的成本。当生产规模不变，产品固定成本不会发生改变。变动成本主要由投入的劳动力工资、广告费等成本构成，其中广告费用与销售量直接相关。因此，在确定产品定价的时候，要同时考虑广告费用。

当广告费用增加时，销售量将会增加，则销售收入会增加，但由广告费用引起的变动成本也会增加，这种因素将会使销售利润降低。

由于家电与汽车产品需要价格富有弹性，如果价格降低，销售量将更快增加，使得销售收入增加，这种因素会使销售利润提高。

综合以上两点，降低价格和广告费用两种策略都会增加销售量，但是对销售利润产生的影响方向相反。因此在考虑商品定价问题时，同时需要注意广告费的增减情况。即价格降低的幅度是否大于广告费用增加的幅度。

5.2.7　各厂商土地、生产线与加班决策

生产线与劳动力具有替代效应。生产线可以提高生产效率，可以替代一定数量的劳动力；反过来，一定数量的劳动力也可以替代生产线的生产力。

在经济学模拟沙盘实训中，根据系统设置参数，是否要扩大生产线、购买土地取决于劳动力的工资高低。

从成本的角度考虑，当劳动力市场劳动力工资过高时，因为增加相同数量产品产量而增加生产线和购买土地所新增的成本小于增加劳动力的成本，此时更合理的方案是增加生产线和购买土地；反之，当劳动力市场劳动力工资较低时，为增加相同的产量而增加生产线和购买土地所新增的成本大于增加劳动力的成本，此时更合理的方案是维持现有的生产力和土地，可以增加工人的加班数量。

以下为生产相同产量情况下，新增生产线和不新增生产线增加工人加班数量的成本（不包括原料成本）计算公式：

新增生产线需配套的成本＝X×单位工资＋土地租金＋配套管理费用＋新增资本利息   (5.11)

加班工资的成本＝X×单位工资＋加班数量×单位工资   (5.12)

其中 X 为一条生产线所需劳动力数量。

下面举例说明：

【例5.1】一条生产线150人可生产汽车700辆（如表5.1所示）。

表5.1   一条生产线150人产能

	汽车（辆）
投入劳动力（人）	150
支付加班费（%）	
技改投资（万）	
技改后产能	700

两条生产线300人可生产1 400辆汽车，则两条生产线条件下除原料之外的总成本为：

300×12（工资）＋1 200（利息）＋2 000（地租）＝6 800（万元）

一条生产线410人不加班也可生产1 400辆（如表5.2所示）。

表5.2   一条生产线410人产能

	汽车（辆）
投入劳动力（人）	410
支付加班费（%）	
技改投资（万）	
技改后产能	1 400

则一条生产线 410 人不加班条件下，除原料之外的总成本为：

410×12（工资）+600（利息）+1 000（地租）= 6 520（万元）

不增加生产线，则必须增加劳动力数量，而工资水平越高对维持一条生产线只增加劳动力数量这种生产方式越不利。当工资水平的增加达到某一水平，使得维持一条生产线只增加劳动力的成本高于增加一条生产线的成本时，这时的工资水平就是需要增加生产线的临界工资水平。设工资水平为 X：

410X（工资）+600（利息）+1 000（地租）= 300X（工资）+1 200（利息）+2 000（地租）

解得 X = 14.55 万元。即在不考虑加班时，当工资水平大于 14.55 万元时，增加一条生产线的成本比维持一条生产线只增加劳动力数量的成本更低，因此，此时增加一条生产线更合适。

【例 5.2】一条生产线 150 人可生产汽车 700 辆（如表 5.3 所示）。

表 5.3　　　　　　　　　一条生产线 150 人产能

	汽车（辆）
投入劳动力（人）	150
支付加班费（%）	
技改投资（万）	
技改后产能	700

两条生产线 300 人可生产汽车 1 400 辆，则两条生产线条件下除原料之外的总成本：

300×12（工资）+1 200（利息）+2 000（地租）= 6 800（万元）

一条生产线 300 人加班 40%（系统设置加班费最多为 40%）也可生产 1 400 辆（如表 5.4 所示）。

表 5.4 一条生产线 150 人产能

	汽车（辆）
投入劳动力（人）	300
支付加班费（%）	40%
技改投资（万）	
技改后产能	1 400

则一条生产线 300 人加班 40% 的条件下，除原料之外的总成本为：

300×12（工资）×（1+40%）+600（利息）+1 000（地租）= 6 640（万元）

同样原理，不增加生产线，则必须加班。工资水平越高对维持一条生产线只增加劳动力数量并加班这种生产方式越不利。当工资水平增加到某一水平，使得维持一条生产线只增加劳动力并加班的成本高于增加一条生产线的成本时，这时的工资水平就是需要增加生产线的临界工资水平。设工资水平为 X：

300X（工资）×（1+40%）+600（利息）+1 000（地租）= 300X（工资）+1 200（利息）+2 000（地租）

解得 X = 13.33 万元。即在必须要加班才能完成产量时，当工资大于 13.33 万，增加一条生产线的成本比维持一条生产线并加班的成本更低，因此，此时选择增加一条生产线更合适。

5.2.8　技改决策

进行技改的目的是在生产线数量不变的条件下使产量增加。使产量增加的方式还有增加生产线和增加劳动力人数。增加生产线的成本过高，因此，在此仅对实行技改与增加劳动力人数两种方案进行比较。

下面以钢铁厂商为例说明技改决策的原理。

根据系统设计，要实现 34 000 吨钢铁产量，需用 280 人，成本为 280×12 =

3 360万元。如果240人可达到30 000吨钢铁产量，成本为240×12 = 2 880（万元）。34 000吨钢铁与30 000吨钢铁产量的成本差异为：3 360 - 2 880 = 480（万元）。

如果在240人情况下，要达到34 000吨钢铁的产出，需提前一年投入技改900万。如表5.5所示。

表5.5   技改决策

决策方案 产量	30 000 吨	34 000 吨	成本增加
只投入劳动力成本（万元）	2 880	3 360	480
技改成本（万元）	0	900	900

与增加劳动力人数相比，技改收回节约成本的时间计算公式为：

T = 技改成本/投入劳动力增加成本

本例中，T = 900/480 ≈ 1.875年。也就是说，技改之后生产线维持技改后的产能的时间至少要达到1.875年，技改的投资才是合理的。

其他厂商的技改决策原理与钢铁厂商的技改决策是一样的。

附录一　实训运营步骤与运营记录

1　政府与厂商团队运营步骤

附表 1　　　　　　　　　　各团队每一年组织操作的步骤①

序号	厂商团队步骤	政府团队步骤
1	厂商团队通过 FTP 或 U 盘把各公司操作文件拷到本地电脑。	把装有电子分析工具的加密 U 盘在教师机上导出"学生文件"文件夹至桌面，或将此文件夹在 FTP 上设为共享，引导学生找到各公司操作文件。
2	厂商团队进入各公司操作文件的"现金管理"模块，清空盘面各项费用筹码，按步骤操作；第 3 年开始，各组填写"资金预算表"。	打开电子分析工具"经济学沙盘主控台"，点击"宏观经济目标与措施"按钮，宣布本年度宏观经济目标与政策。催收到期贷款和利息。
3	厂商团队填写"公司投标单"，进入各公司操作文件的"原料与要素供给"模块，按步骤操作。	政府团队在电子分析工具主控台主界面，点击"各公司贷款竞标"按钮，收集学生竞标单，组织各企业贷款利率竞标。政府团队在电子分析工具主控台主界面，点击"进口钢材预定"和"钢铁公司原料采购"按钮，收集学生竞标单，组织钢材预定和铁精粉采购，与各企业结算铁精粉和进口钢材款项。
4	厂商团队填写"公司投标单"，进入各公司操作文件的"市场需求竞标"模块，按步骤操作。	政府团队在电子分析工具主控台界面，点击"订单竞标与交货"按钮，收集学生竞标单，组织家电市场和汽车市场订单竞标。点击"土地厂房租金竞标"和"生产线购买"按钮，收集学生竞标单，组织土地和厂房租赁竞标；发售生产线。点击"各公司工资竞标"按钮，收集学生竞标单，组织劳动力工资竞标。

① 成都杰科力有限公司. 经济学沙盘学员手册：中国，2L201310157131.6 [P]．2014-12-10：10.

序号	厂商团队步骤	政府团队步骤
5	厂商团队进入各公司操作文件的"生产/交付/技改"模块，按步骤操作。	政府团队在电子分析工具主控台主界面，点击"订单竞标与交货"按钮，组织各公司按订单收货，付款。
6	厂商团队进入各公司操作文件的"政府监管"模块，按步骤操作。	检查各组税金、管理费缴纳情况；清收各公司支付的费用，没收未投入生产线的土地和厂房。
7	其他团队进入各公司操作文件的"利润查询"和"资产负债表查询"模块，检验本年度利润目标是否实现。	每运营完一年后，待所有企业的报表文件拷回到加密U盘相应班级后，返回电子分析工具主界面，点击"宏观经济数据统计"，检验宏观经济数据统计指标是否实现。 分享相应主题，并布置学生作业。

2　汽车与家电厂商运营记录表[①]

附表2　　　　　　　　　　　现金管理模块

> 填写说明：请在绿色背景单元格中填写发生金额后将自动生成报表（未发生请直接填写0），数字前面不能用"+"或"-"号，也不用公式形式，如"300+400"。单位是万元，如发生金额为1 000万元，只需填写1 000。请勿更改此表名称结构和任何步骤，现金余额一栏将自动计算。

序号	经营步骤		责任人	发生金额　单位：万元					
				第一年	第二年	第三年	第四年	第五年	第六年
1	清空上年费用	清空上年所有费用栏（劳动力筹码也请退还）	全体成员						
2	资金规划	资金规划，填写学员手册相应表格	全体成员						
3	负债业务更新	所有应付款往前移一格，到期支付	财务总监						
		所有银行贷款往前移一格，到期偿还/提前偿还本金							
		高利贷（委托贷款）往前移一格，到期偿还本金							
4	资产业务更新	盘面资产项的应收款往前移一格，到期收回本金为	财务总监						
		企业收回委托贷款，金额为							

---

① 成都杰科力有限公司. 经济学沙盘学员手册：中国，2L201310157131.6［P］. 2014-12-10：14-33.

序号		经营步骤	责任人						
5	委托贷款	办理企业间委托贷款（高利贷），获得现金	总经理						
		支付委托贷款（借入款项）年度利息							
		企业发放委托贷款，金额为							
		收到委托贷款（贷出款项）年度利息							
6	钢铁预订违约	钢铁公司无法交付预定钢铁，收到钢铁公司违约金	采购总监						
		取消上一年度预订钢材（吨）							
		收回上一年度支付的预付款							
		我方主动取消预订，我方支付违约金							
		现金盘点							

附表3 　　　　　　　　　　　原料与要素供给

序号		经营步骤	责任人	发生金额　单位：万					
				第一年	第二年	第三年	第四年	第五年	第六年
1	贷款	本年贷款上限	总经理						
		贷款利率竞标，填写竞标单，获得银行贷款							
		支付所有未到期贷款的年度利息（含原有未到期贷款）							
2	原料采购	上年预订的原料到位，数量为（万吨）	采购总监						
		预订原料到位，盘面预付款放在原料成本栏							
		签订钢铁采购协议，请先在下面两行填写现金付款金额或赊账金额，再在此行填写到货数量为（万吨）							
		现金购买新原料，支付现金或尾款，同时把等额原料成本筹码放在原料成本栏							
		赊账购买的新原料已到货，应付款为（未到货的原料不计应付款）							
		预订下一年原料，支付预付款							
		付款预订下一年到货的原料，数量为（万吨）							
3	原料转卖	转卖原料，数量为（万吨）	销售总监						
		转卖原料，收到现金							
		转卖原料，未收到现金，应收款增加金额							
		转卖原料的成本筹码取走，放在盘面外，金额为							
		现金盘点							

附表 4   **市场需求竞标与贷款**

序号	经营步骤		责任人	发生金额　单位：万元					
				第一年	第二年	第三年	第四年	第五年	第六年
1	汽车和家电公司市场竞标	填写竞标单，产品报价（万元）	营销总监						
		填写竞标单，支付广告费							
2	土地租赁与生产线买卖	土地和厂房租赁竞标，获得土地，支付本年全部土地（含已有土地）租赁费	生产总监						
		买入生产线，支付现金							
		退租土地，以净值卖出闲置生产线，收到现金							
3	竞标劳动力	计算生产线产能，劳动力工资重新竞标，支付本年度所有劳动力工资	人力资源总监						
		获得工人数量（人）							
		现金盘点							

附表 5   **厂商生产交付与技改（1）**

序号	经营步骤		责任人	第一年			
				生产线 I	生产线 II	生产线 III	生产线 IV
1	生产	投入劳动力数量（人）	生产总监				
		支付加班费比率					
		支付加班费					
		产能计算（辆/台）					
		投入原料，进行生产，总计投入原料数量（万吨）					
		投入原料的成本筹码请放在生产线上，合计金额为					
2	成品转卖	生产完成，原料换成产成品，放入相应年份位置，数量为（台）	营销总监				
		转卖汽车、家电，数量为（台）					
		转卖汽车、家电的原料成本筹码随产品一起取走，金额为					
		转卖汽车、家电，收到现金					
		转卖汽车、家电，未收到现金，应收款增加金额					
		购买汽车、家电，到货数量为（台）					
		购买汽车、家电，支付现金					
		购买汽车、家电已到货，应付款为（未到货的成品不计应付款）					
		购买汽车、家电的成本筹码放在产成品原料成本栏					
3	交付	汽车、家电公司按订单交货，交货数量（辆/台）	营销总监				
		交付产品的钢材成本筹码随产品一起取走，金额为					
		汽车、家电公司按订单交货，收取现金货款					

序号	经营步骤		责任人	第一年			
				生产线Ⅰ	生产线Ⅱ	生产线Ⅲ	生产线Ⅳ
4	技改	技改投资	生产总监				
5	盘点	本年末剩余原料（万吨）	生产总监				
		本年末剩余原料成本（万元）					
		本年末产成品库存数量（辆/台）					
		本年末产成品的原料成本（万元）					
		现金盘点					

附表6　　　　　　　　　　　**厂商生产交付与技改（2）**

序号	经营步骤		责任人	第二年			
				生产线Ⅰ	生产线Ⅱ	生产线Ⅲ	生产线Ⅳ
1	生产	投入劳动力数量（人）	生产总监				
		支付加班费比率					
		支付加班费					
		产能计算（辆/台）					
		投入原料，进行生产，总计投入原料数量（万吨）					
		投入原料的成本筹码请放在生产线上，合计金额为					
2	成品转卖	生产完成，原料换成产成品，放入相应年份位置，数量为（台）	营销总监				
		转卖汽车、家电，数量为（台）					
		转卖汽车、家电的原料成本筹码随产品一起取走，金额为					
		转卖汽车、家电，收到现金					
		转卖汽车、家电，未收到现金，应收款增加金额					
		购买汽车、家电，到货数量为（台）					
		购买汽车、家电，支付现金					
		购买汽车、家电已到货，应付款为（未到货的成品不计应付款）					
		购买汽车、家电的成本筹码放在产成品原料成本栏					
3	交付	汽车、家电公司按订单交货，交货数量（辆/台）	营销总监				
		交付产品的钢材成本筹码随产品一起取走，金额为					
		汽车、家电公司按订单交货，收取现金货款					
4	技改	技改投资	生产总监				

序号		经营步骤	责任人	第二年			
				生产线Ⅰ	生产线Ⅱ	生产线Ⅲ	生产线Ⅳ
5	盘点	本年末剩余原料（万吨）	生产总监				
		本年末剩余原料成本（万元）					
		本年末产成品库存数量（辆/台）					
		本年末产成品的原料成本（万元）					
		现金盘点					

附表 7   **厂商生产交付与技改（3）**

序号		经营步骤	责任人	第三年			
				生产线Ⅰ	生产线Ⅱ	生产线Ⅲ	生产线Ⅳ
1	生产	投入劳动力数量（人）	生产总监				
		支付加班费比率					
		支付加班费					
		产能计算（辆/台）					
		投入原料，进行生产，总计投入原料数量（万吨）					
		投入原料的成本筹码请放在生产线上，合计金额为					
2	成品转卖	生产完成，原料换成产成品，放入相应年份位置，数量为（台）	营销总监				
		转卖汽车、家电，数量为（台）					
		转卖汽车、家电的原料成本筹码随产品一起取走，金额为					
		转卖汽车、家电，收到现金					
		转卖汽车、家电，未收到现金，应收款增加金额					
		购买汽车、家电，到货数量为（台）					
		购买汽车、家电，支付现金					
		购买汽车、家电已到货，应付款为（未到货的成品不计应付款）					
		购买汽车、家电的成本筹码放在产成品原料成本栏					
3	交付	汽车、家电公司按订单交货，交货数量（辆/台）	营销总监				
		交付产品的钢材成本筹码随产品一起取走，金额为					
		汽车、家电公司按订单交货，收取现金货款					
4	技改	技改投资	生产总监				
5	盘点	本年末剩余原料（万吨）	生产总监				
		本年末剩余原料成本（万元）					
		本年末产成品库存数量（辆/台）					
		本年末产成品的原料成本（万元）					
		现金盘点					

厂商生产交付与技改（4）

序号	经营步骤		责任人	第四年			
				生产线 I	生产线 II	生产线 III	生产线 IV
1	生产	投入劳动力数量（人）	生产总监				
		支付加班费比率					
		支付加班费					
		产能计算（辆/台）					
		投入原料，进行生产，总计投入原料数量（万吨）					
		投入原料的成本筹码请放在生产线上，合计金额为					
2	成品转卖	生产完成，原料换成产成品，放入相应年份位置，数量为（台）	营销总监				
		转卖汽车、家电，数量为（台）					
		转卖汽车、家电的原料成本筹码随产品一起取走，金额为					
		转卖汽车、家电，收到现金					
		转卖汽车、家电，未收到现金，应收款增加金额					
		购买汽车、家电，到货数量为（台）					
		购买汽车、家电，支付现金					
		购买汽车、家电已到货，应付款为（未到货的成品不计应付款）					
		购买汽车、家电的成本筹码放在产成品原料成本栏					
3	交付	汽车、家电公司按订单交货，交货数量（辆/台）	营销总监				
		交付产品的钢材成本筹码随产品一起取走，金额为					
		汽车、家电公司按订单交货，收取现金货款					
4	技改	技改投资	生产总监				
5	盘点	本年末剩余原料（万吨）	生产总监				
		本年末剩余原料成本（万元）					
		本年末产成品库存数量（辆/台）					
		本年末产成品的原料成本（万元）					
		现金盘点					

序号	经营步骤		责任人	第五年			
				生产线 I	生产线 II	生产线 III	生产线 IV
1	生产	投入劳动力数量（人）	生产总监				
		支付加班费比率					
		支付加班费					
		产能计算（辆/台）					
		投入原料，进行生产，总计投入原料数量（万吨）					
		投入原料的成本筹码请放在生产线上，合计金额为					
2	成品转卖	生产完成，原料换成产成品，放入相应年份位置，数量为（台）	营销总监				
		转卖汽车、家电，数量为（台）					
		转卖汽车、家电的原料成本筹码随产品一起取走，金额为					
		转卖汽车、家电，收到现金					
		转卖汽车、家电，未收到现金，应收款增加金额					
		购买汽车、家电，到货数量为（台）					
		购买汽车、家电，支付现金					
		购买汽车、家电已到货，应付款为（未到货的成品不计应付款）					
		购买汽车、家电的成本筹码放在产成品原料成本栏					
3	交付	汽车、家电公司按订单交货，交货数量（辆/台）	营销总监				
		交付产品的钢材成本筹码随产品一起取走，金额为					
		汽车、家电公司按订单交货，收取现金货款					
4	技改	技改投资	生产总监				
5	盘点	本年末剩余原料（万吨）	生产总监				
		本年末剩余原料成本（万元）					
		本年末产成品库存数量（辆/台）					
		本年末产成品的原料成本（万元）					
		现金盘点					

附表 10　　　　　　　　　　厂商生产交付与技改（6）

序号	经营步骤		责任人	第六年			
				生产线 I	生产线 II	生产线 III	生产线 IV
1	生产	投入劳动力数量（人）	生产总监				
		支付加班费比率					
		支付加班费					
		产能计算（辆/台）					
		投入原料，进行生产，总计投入原料数量（万吨）					
		投入原料的成本筹码请放在生产线上，合计金额为					
2	成品转卖	生产完成，原料换成产成品，放入相应年份位置，数量为（台）	营销总监				
		转卖汽车、家电，数量为（台）					
		转卖汽车、家电的原料成本筹码随产品一起取走，金额为					
		转卖汽车、家电，收到现金					
		转卖汽车、家电，未收到现金，应收款增加金额					
		购买汽车、家电，到货数量为（台）					
		购买汽车、家电，支付现金					
		购买汽车、家电已到货，应付款为（未到货的成品不计应付款）					
		购买汽车、家电的成本筹码放在产成品原料成本栏					
3	交付	汽车、家电公司按订单交货，交货数量（辆/台）	营销总监				
		交付产品的钢材成本筹码随产品一起取走，金额为					
		汽车、家电公司按订单交货，收取现金货款					
4	技改	技改投资	生产总监				
5	盘点	本年末剩余原料（万吨）	生产总监				
		本年末剩余原料成本（万元）					
		本年末产成品库存数量（辆/台）					
		本年末产成品的原料成本（万元）					
		现金盘点					

附录一　实训运营步骤与运营记录

政府监管

序号	经营步骤		责任人	发生金额　单位：万					
				第一年	第二年	第三年	第四年	第五年	第六年
1	政府监管	没有生产线的闲置土地将被没收	总经理						
2	内部管理业务	支付管理费（每年管理费用为2 000万元）	总经理						
		本年度政府财政补贴比率							
		获得政府财政补贴现金（按不含税销售收入计算）							
		支付罚金							
		支付库存原料和产成品仓储费用							
3	交税	交增值税（请点击利润查询按钮）	财务总监						
		交纳所得税（请点击利润查询按钮）							
4	现金盘点	做报表，关账，盘点期末现金为	财务总监						

3　钢铁厂商运营步骤与运营记录表

附表 12

现金管理模块

填写说明：请在绿色背景单元格中填写发生金额后将自动生成报表（未发生请直接填写0），数字前面不能用"＋"或"－"号，也不用公式形式，如"300＋400"。单位是万，如发生金额为1 000万元，只需填写1 000。请勿更改此表名称结构和任何步骤，现金余额一栏将自动计算。

序号	经营步骤		责任人	发生金额　单位：万元					
				第一年	第二年	第三年	第四年	第五年	第六年
1	清空上年费用	清空上年所有费用栏（劳动力筹码也请退还）	全体成员						
2	资金规划	资金规划，填写学员手册相应表格	全体成员						
3	负债业务更新	所有应付款往前移一格，到期支付	财务总监						
		所有银行贷款往前移一格，到期偿还/提前偿还本金							
		高利贷（委托贷款）往前移一格，到期偿还本金							
4	资产业务更新	盘面资产项的应收款往前移一格，到期收回本金为	财务总监						
		企业收回委托贷款，金额为							
5	委托贷款	办理企业间委托贷款（高利贷），获得现金	总经理						
		支付委托贷款（借入款项）年度利息							
		企业发放委托贷款，金额为							
		收到委托贷款（贷出款项）年度利息							

6	钢铁预订违约	预订钢铁无法交付，支付违约金	销售总监						
		退回对方的预付款							
		对方取消预订，收到对方违约金							
		现金盘点							

附表 13　　　　　　　　　**市场需求竞标与贷款**

序号		经营步骤	责任人	发生金额　单位：万元					
				第一年	第二年	第三年	第四年	第五年	第六年
1	贷款	本年贷款上限	总经理						
		贷款利率竞标，填写竞标单，获得银行贷款							
		支付所有未到期贷款的年度利息（含原有未到期贷款）							
2	钢铁公司钢材销售	本年可售钢材总量（万吨）	营销总监						
		钢铁公司交付上年预订钢材，数量为（万吨）							
		钢铁公司交付上年预订钢材，去除盘面预收款							
		钢铁公司销售钢材，填写合同，数量为（万吨）							
		钢铁公司销售钢材，获得现金（含收到上年预订钢材的尾款）							
		钢铁公司交付钢材，未收到现金，应收款为（预订的钢材未交付，不计应收款）							
		交付产品的铁精粉成本筹码随产品一起取走，金额为							
		钢铁公司接收其他公司预订钢材，收到预收款							
		现金盘点							

附表 14　　　　　　　　　**原料与要素供给**

序号		经营步骤	责任人	发生金额　单位：万元					
				第一年	第二年	第三年	第四年	第五年	第六年
1	原料采购	竞标铁精粉，填写竞标单，现金支付总价款，同时把等额原料成本筹码放在原料成本栏	采购总监						
		本年购买新原料，数量为（万吨）							
		赊账向其他钢铁公司购买新原料，应付款为							
2	原料转卖	转卖原料，数量为（万吨）	销售总监						
		转卖原料，收到现金							
		转卖原料，未收到现金，应收款增加金额							
		转卖原料的成本筹码取走，放在盘面外，金额为							

序号	经营步骤		责任人	发生金额　单位：万元					
				第一年	第二年	第三年	第四年	第五年	第六年
3	土地租赁与生产线买卖	土地和厂房租赁竞标，获得土地，支付本年全部土地（含已有土地）租赁费	生产总监						
		买入生产线，支付现金							
		退租土地，以净值卖出闲置生产线，收到现金							
4	竞标劳动力	劳动力工资重新竞标，填写竞标单，支付本年度所有劳动力工资	人力资源总监						
		获得工人数量（人）							
		现金盘点							

附表 15　　　　　**厂商生产交付与技改（1）**

序号	经营步骤		责任人	第一年			
				生产线 I	生产线 II	生产线 III	生产线 IV
1	生产	投入劳动力数量（人）	生产总监				
		支付加班费比率					
		支付加班费					
		产能计算（吨）					
		可供投产的原料总量（万吨）					
		投入原料，进行生产，总计投入原料数量（万吨）					
		投入原料的成本筹码请放在生产线上，合计金额为					
2	成品转卖	生产完成，原料换成产成品，放入相应年份位置，数量为（万吨）	市场总监				
		转卖钢材，数量为（万吨）					
		转卖钢材的原料成本筹码随产品一起取走，金额为					
		转卖钢材，收到现金					
		转卖钢材，未收到现金，应收款增加金额为					
		购买钢材，到货数量为（万吨）					
		购买钢材，支付现金					
		购买钢材已到货，应付款为（未到货的成品不计应付款）					
		购买钢材的成本筹码放在产成品原料成本栏					
3	技改	技改投资	生产总监				
4	盘点	本年末剩余原料（万吨）	生产总监				
		本年末剩余原料成本（万元）					
		本年末成品钢材库存数量（万吨）					
		本年末产成品的原料成本（万元）					
		现金盘点					

序号	经营步骤		责任人	第二年			
				生产线 I	生产线 II	生产线 III	生产线 IV
1	生产	投入劳动力数量（人）	生产总监				
		支付加班费比率					
		支付加班费					
		产能计算（吨）					
		可供投产的原料总量（万吨）					
		投入原料，进行生产，总计投入原料数量（万吨）					
		投入原料的成本筹码请放在生产线上，合计金额为					
2	成品转卖	生产完成，原料换成产成品，放入相应年份位置，数量为（万吨）	市场总监				
		转卖钢材，数量为（万吨）					
		转卖钢材的原料成本筹码随产品一起取走，金额为					
		转卖钢材，收到现金					
		转卖钢材，未收到现金，应收款增加金额					
		购买钢材，到货数量为（万吨）					
		购买钢材，支付现金					
		购买钢材已到货，应付款为（未到货的成品不计应付款）					
		购买钢材的成本筹码放在产成品原料成本栏					
3	技改	技改投资	生产总监				
4	盘点	本年末剩余原料（万吨）	生产总监				
		本年末剩余原料成本（万元）					
		本年末成品钢材库存数量（万吨）					
		本年末产成品的原料成本（万元）					
		现金盘点					

附表 17　　　　　　　　　　**厂商生产交付与技改（3）**

序号	经营步骤		责任人	第三年			
				生产线 I	生产线 II	生产线 III	生产线 IV
1	生产	投入劳动力数量（人）	生产总监				
		支付加班费比率					
		支付加班费					
		产能计算（吨）					
		可供投产的原料总量（万吨）					
		投入原料，进行生产，总计投入原料数量（万吨）					
		投入原料的成本筹码请放在生产线上，合计金额为					

序号	经营步骤		责任人	第三年			
				生产线 I	生产线 II	生产线 III	生产线 IV
2	成品转卖	生产完成，原料换成产成品，放入相应年份位置，数量为（万吨）	市场总监				
		转卖钢材，数量为（万吨）					
		转卖钢材的原料成本筹码随产品一起取走，金额为					
		转卖钢材，收到现金					
		转卖钢材，未收到现金，应收款增加金额					
		购买钢材，到货数量为（万吨）					
		购买钢材，支付现金					
		购买钢材已到货，应付款为（未到货的成品不计应付款）					
		购买钢材的成本筹码放在产成品原料成本栏					
3	技改	技改投资	生产总监				
4	盘点	本年末剩余原料（万吨）	生产总监				
		本年末剩余原料成本（万元）					
		本年末成品钢材库存数量（万吨）					
		本年末产成品的原料成本（万元）					
		现金盘点					

附表 18　　　　　　厂商生产交付与技改（4）

序号	经营步骤		责任人	第四年			
				生产线 I	生产线 II	生产线 III	生产线 IV
1	生产	投入劳动力数量（人）	生产总监				
		支付加班费比率					
		支付加班费					
		产能计算（吨）					
		可供投产的原料总量（万吨）					
		投入原料，进行生产，总计投入原料数量（万吨）					
		投入原料的成本筹码请放在生产线上，合计金额为					

序号	经营步骤		责任人	第四年			
				生产线 I	生产线 II	生产线 III	生产线 IV
2	成品转卖	生产完成，原料换成产成品，放入相应年份位置，数量为（万吨）	市场总监				
		转卖钢材，数量为（万吨）					
		转卖钢材的原料成本筹码随产品一起取走，金额为					
		转卖钢材，收到现金					
		转卖钢材，未收到现金，应收款增加金额					
		购买钢材，到货数量为（万吨）					
		购买钢材，支付现金					
		购买钢材已到货，应付款为（未到货的成品不计应付款）					
		购买钢材的成本筹码放在产成品原料成本栏					
3	技改	技改投资	生产总监				
4	盘点	本年末剩余原料（万吨）	生产总监				
		本年末剩余原料成本（万元）					
		本年末成品钢材库存数量（万吨）					
		本年末产成品的原料成本（万元）					
		现金盘点					

附表19　　　　　　　　　**厂商生产交付与技改**（5）

序号	经营步骤		责任人	第五年			
				生产线 I	生产线 II	生产线 III	生产线 IV
1	生产	投入劳动力数量（人）	生产总监				
		支付加班费比率					
		支付加班费					
		产能计算（吨）					
		可供投产的原料总量（万吨）					
		投入原料，进行生产，总计投入原料数量（万吨）					
		投入原料的成本筹码请放在生产线上，合计金额为					

序号	经营步骤		责任人	第五年			
				生产线Ⅰ	生产线Ⅱ	生产线Ⅲ	生产线Ⅳ
2	成品转卖	生产完成，原料换成产成品，放入相应年份位置，数量为（万吨）	市场总监				
		转卖钢材，数量为（万吨）					
		转卖钢材的原料成本筹码随产品一起取走，金额为					
		转卖钢材，收到现金					
		转卖钢材，未收到现金，应收款增加金额					
		购买钢材，到货数量为（万吨）					
		购买钢材，支付现金					
		购买钢材已到货，应付款为（未到货的成品不计应付款）					
		购买钢材的成本筹码放在产成品原料成本栏					
3	技改	技改投资	生产总监				
4	盘点	本年末剩余原料（万吨）	生产总监				
		本年末剩余原料成本（万元）					
		本年末成品钢材库存数量（万吨）					
		本年末产成品的原料成本（万元）					
		现金盘点					

附表20　　　　　　　　　**厂商生产交付与技改（6）**

序号	经营步骤		责任人	第六年			
				生产线Ⅰ	生产线Ⅱ	生产线Ⅲ	生产线Ⅳ
1	生产	投入劳动力数量（人）	生产总监				
		支付加班费比率					
		支付加班费					
		产能计算（吨）					
		可供投产的原料总量（万吨）					
		投入原料，进行生产，总计投入原料数量（万吨）					
		投入原料的成本筹码请放在生产线上，合计金额为					

序号	经营步骤		责任人	第六年			
				生产线Ⅰ	生产线Ⅱ	生产线Ⅲ	生产线Ⅳ
2	成品转卖	生产完成，原料换成产成品，放入相应年份位置，数量为（万吨）	市场总监				
		转卖钢材，数量为（万吨）					
		转卖钢材的原料成本筹码随产品一起取走，金额为					
		转卖钢材，收到现金					
		转卖钢材，未收到现金，应收款增加金额					
		购买钢材，到货数量为（万吨）					
		购买钢材，支付现金					
		购买钢材已到货，应付款为（未到货的成品不计应付款）					
		购买钢材的成本筹码放在产成品原料成本栏					
3	技改	技改投资	生产总监				
4	盘点	本年末剩余原料（万吨）	生产总监				
		本年末剩余原料成本（万元）					
		本年末成品钢材库存数量（万吨）					
		本年末产成品的原料成本（万元）					
		现金盘点					

附表21　　　　　　　　　　　政府监管

序号	经营步骤		责任人	发生金额　单位：万元					
				第一年	第二年	第三年	第四年	第五年	第六年
1	政府监管	没有生产线的闲置土地将被没收	总经理						
2	内部管理业务	支付管理费（每年管理费用为2 000万元）	总经理						
		本年度政府财政补贴比率							
		获得政府财政补贴现金（按不含税销售收入计算）							
		支付罚金							
		支付库存原料和产成品仓储费用							
3	交税	交增值税（请点击利润查询按钮）	财务总监						
		交纳所得税（请点击利润查询按钮）							
4	现金盘点	做报表，关账，盘点期末现金为	财务总监						

附录二 试验用各类表单[①]

附表 22   资金预算表

第三年资金预算表 单位：万元				第四年资金预算表 单位：万元			
支出		收入		支出		收入	
广告费		剩余资金		广告费		剩余资金	
归还贷款				归还贷款			
归还所有贷款利息				归还所有贷款利息			
买生产线		卖生产线		买生产线		卖生产线	
付厂房土地租金				付厂房土地租金			
购买原料				购买原料			
预订下一年原料		钢铁公司预收定金		预订下一年原料		钢铁公司预收定金	
付劳动力工资				付劳动力工资			
技改投资		收入预计		技改投资		收入预计	
支付管理费				支付管理费			
交税				交税			
合计		预计新贷款		合计		预计新贷款	
第五年资金预算表 单位：万元				第六年资金预算表 单位：万元			
支出		收入		支出		收入	
广告费		剩余资金		广告费		剩余资金	
归还贷款				归还贷款			
归还所有贷款利息				归还所有贷款利息			
买生产线		卖生产线		买生产线		卖生产线	
付厂房土地租金				付厂房土地租金			
购买原料				购买原料			
预订下一年原料		钢铁公司预收定金		预订下一年原料		钢铁公司预收定金	
付劳动力工资				付劳动力工资			
技改投资		收入预计		技改投资		收入预计	
支付管理费				支付管理费			
交税				交税			
合计		预计新贷款		合计		预计新贷款	

① 成都杰科力有限公司. 经济学沙盘学员手册: 中国, 2L201310157131.6 [P]. 2014-12-10: 11-13.

附表 23 公司投标单

第一年	利率：精确到个位数		第二年	利率：精确到个位数	
	申请贷款额（万元）			申请贷款额（万元）	
	进口钢材预订（万吨）			进口钢材预订（万吨）	
	铁精粉报价（万元/万吨）			铁精粉报价（万元/万吨）	
	铁精粉采购量（万吨）			铁精粉采购量（万吨）	
	产品报价（万元）			产品报价（万元）	
	广告费（万元）			广告费（万元）	
	获得订单数量			获得订单数量	
	土地退租（亩）			土地退租（亩）	
	新增土地租金报价（万元/百亩）			新增土地租金报价（万元/百亩）	
	新增土地申请（亩）			新增土地申请（亩）	
	购买/出售生产线（条）+/-			购买/出售生产线（条）+/-	
	年工资（万元/人）			年工资（万元/人）	
	本年计划招聘工人总数（人）			本年计划招聘工人总数（人）	
第三年	利率：精确到个位数		第四年	利率：精确到个位数	
	申请贷款额（万元）			申请贷款额（万元）	
	进口钢材预订（万吨）			进口钢材预订（万吨）	
	铁精粉报价（万元/万吨）			铁精粉报价（万元/万吨）	
	铁精粉采购量（万吨）			铁精粉采购量（万吨）	
	产品报价（万元）			产品报价（万元）	
	广告费（万元）			广告费（万元）	
	获得订单数量			获得订单数量	
	土地退租（亩）			土地退租（亩）	
	新增土地租金报价（万元/百亩）			新增土地租金报价（万元/百亩）	
	新增土地申请（亩）			新增土地申请（亩）	
	购买/出售生产线（条）+/-			购买/出售生产线（条）+/-	
	年工资（万元/人）			年工资（万元/人）	
	本年计划招聘工人总数（人）			本年计划招聘工人总数（人）	

第五年	利率：精确到个位数		第六年	利率：精确到个位数	
	申请贷款额（万元）			申请贷款额（万元）	
	进口钢材预订（万吨）			进口钢材预订（万吨）	
	铁精粉报价（万元/万吨）			铁精粉报价（万元/万吨）	
	铁精粉采购量（万吨）			铁精粉采购量（万吨）	
	产品报价（万元）			产品报价（万元）	
	广告费（万元）			广告费（万元）	
	获得订单数量			获得订单数量	
	土地退租（亩）			土地退租（亩）	
	新增土地租金报价（万元/百亩）			新增土地租金报价（万元/百亩）	
	新增土地申请（亩）			新增土地申请（亩）	
	购买/出售生产线（条）+/−			购买/出售生产线（条）+/−	
	年工资（万元/人）			年工资（万元/人）	
	本年计划招聘工人总数（人）			本年计划招聘工人总数（人）	

　　　　　　　　　　　　　　采购协议

销售方：_____公司；　　　　　　　　　采购方：_____公司；

采购产品：_____

第___年度采购数量：_____万吨，其中现金支付_____万元，赊账_____

万元，赊账款将在_____年后支付。

第___年度预订数量：_____万吨，其中预付款_____万元，尾款随货付清。

第___年度预订数量：_____万吨，其中预付款_____万元，尾款随货付清。

违约责任：违约方按违约金额的_____%支付违约款。

其他约定：

（一式两份）

采购协议

销售方：_____公司；　　　　　　　　　采购方：_____公司；

采购产品：_____

第___年度采购数量：_____万吨，其中现金支付_____万元，赊账_____

万元，赊账款将在_____年后支付。

第___年度预订数量：_____万吨，其中预付款_____万元，尾款随货付清。

第___年度预订数量：_____万吨，其中预付款_____万元，尾款随货付清。

违约责任：违约方按违约金额的_____%支付违约款。

其他约定：

（一式两份）

附录三　实训报告参考模板

实训报告参考模板 1

一、实训名称：经济学模拟沙盘实训实验报告

二、实训目的及要求

1. 理解微观经济和宏观经济的组成要素，掌握经济循环框架图

2. 掌握产品市场和要素市场的组成与特征

3. 掌握不同市场结构下的厂商行为和最优经营决策

4. 掌握博弈策略在不同环境下的应用

5. 理解各项经济指标与经济增长周期

6. 理解财政政策和货币政策对企业经营的影响

7. 理解政府的各项经济监管政策

8. 掌握以上核心经济理论与相关模型在现实生活中的应用

三、实训内容

实训内容与项目涵盖六大单元，包括：

1. 微观经济学的供给需求理论、要素理论实验

2. 微观经济学的市场结构与厂商理论实验

3. 经济运行中的市场失灵与福利经济学

4. 宏观经济学的国民收入理论、货币市场一般均衡理论实验

5. 宏观经济学的经济周期与经济增长理论实验

6. 财政政策与货币政策的应用实验

四、实训设备

平均4~6人配备一台电脑、投影仪等设备；经济学模拟沙盘全套教具。

五、实训结果与分析：

记录每一年的实验初始条件、决策过程以及实验结果，并对实验结果做出合理的经济学分析。

六、实训考核

实训考核包括对团队考核和对学生个人考核两部分。

1. 团队得分参考项目

（1）利润（所有者权益）

（2）课堂参与

（3）经济学知识点分享+实习报告

（4）宏观经济调控目标实现

2. 学生个人成绩

（1）学生个人业绩评分=团队得分+团队意识内部评价+出勤率

（2）出勤率：病事假扣2分/次，缺席5分/半天

说明：

此实训报告模板仅作为参考。在实际操作中，可根据实训课时不同进行实训内容的安排。

实训报告参考模板 2

一、实训名称：经济学模拟沙盘实训实验报告

二、实训目的及要求

1. 理解微观经济和宏观经济的组成要素，掌握经济循环框架图

2. 掌握产品市场和要素市场的组成与特征

3. 掌握不同市场结构下的厂商行为和最优经营决策

4. 掌握博弈策略在不同环境下的应用

5. 理解各项经济指标与经济增长周期

6. 理解财政政策和货币政策对企业经营的影响

7. 理解政府的各项经济监管政策

8. 掌握以上核心经济理论与相关模型在现实生活中的应用

三、实训准备及过程

1. 实训准备

（1）实训设备的准备：平均4~6人配备一台电脑、投影仪等设备；经济学模拟沙盘全套教具。

（2）人员分组：建立8支厂商团队，每队均由4~6人组成，分别组成3家汽车厂商、2家钢铁厂商、3家家电厂商。

2. 实训过程

（1）第一年度

①熟悉实训初始状态。

②运营过程：确定人员岗位分配，按照第一年推演流程完成第一年的经营活

动，并填制电子分析工具表格与纸质表格，做好相应记录。

（2）第二年度

①根据上年度经营结果，分析本年度宏观经济环境，制定宏观经济指标，参与政府组竞标。

②根据政府组公布的本年度宏观经济指标，进行经济学决策，制定本年度经营政策。

③根据本年度厂商的经营目标，确定土地与生产线投入、产能计算、薪酬政策、技改政策等，自主进行经营活动。

④填制电子分析工具表格与纸质表格，做好相应记录。

（3）第三年度

①根据上年度经营结果，分析本年度宏观经济环境，制定宏观经济指标，参与政府组竞标。

②根据政府组公布的本年度宏观经济指标，进行经济学决策，制定本年度经营政策。

③根据本年度厂商的经营目标，确定土地与生产线投入、产能计算、薪酬政策、技改政策等，自主进行经营活动。

④填制电子分析工具表格与纸质表格，做好相应记录。

（4）第四年度

①根据上年度经营结果，分析本年度宏观经济环境，制定宏观经济指标，参与政府组竞标。

②根据政府组公布的本年度宏观经济指标，进行经济学决策，制定本年度经营政策。

③根据本年度厂商的经营目标，确定土地与生产线投入、产能计算、薪酬政

策、技改政策等，自主进行经营活动。

④填制电子分析工具表格与纸质表格，做好相应记录。

（5）第五年度

①根据上年度经营结果，分析本年度宏观经济环境，制定宏观经济指标，参与政府组竞标。

②根据政府组公布的本年度宏观经济指标，进行经济学决策，制定本年度经营政策。

③根据本年度厂商的经营目标，确定土地与生产线投入、产能计算、薪酬政策、技改政策等，自主进行经营活动。

④填制电子分析工具表格与纸质表格，做好相应记录。

（6）第六年度

①根据上年度经营结果，分析本年度宏观经济环境，制定宏观经济指标，参与政府组竞标。

②根据政府组公布的本年度宏观经济指标，进行经济学决策，制定本年度经营政策。

③根据本年度厂商的经营目标，确定土地与生产线投入、产能计算、薪酬政策、技改政策等，自主进行经营活动。

④填制电子分析工具表格与纸质表格，做好相应记录。

四、实训结果与分析：

记录每一年的实验初始条件、决策过程以及实验结果，并对实验结果做出合理的经济学分析。

五、实训考核

实训考核包括对团队考核和对学生个人考核两部分。

1. 团队得分参考项目

（1）利润（所有者权益）

（2）课堂参与

（3）经济学知识点分享+实习报告

（4）宏观经济调控目标实现

2. 学生个人成绩

（1）学生个人业绩评分=团队得分+团队意识内部评价+出勤率

（2）出勤率：病事假扣 2 分/次，缺席 5 分/半天

说明：

此实训报告模板仅作为参考。在实际操作中，可根据实训课时不同进行实训

内容的安排。